Zwerghamsterzucht

Eine Anleitung

AF138780

Sandro Stark

Zwerghamsterzucht

Eine Anleitung

Sandro Stark

Titelbild: © Marla / fotolia.com

Bibliografische Information der Deutschen Nationalbibliothek: Die Deutsche Nationalbibliothek verzeichnet diese Publikation in der Deutschen Nationalbibliografie; detaillierte bibliografische Daten sind im Internet über www.dnb.de abrufbar.

Herstellung und Verlag:

BoD – Books on Demand, Norderstedt

ISBN: 9783734753008

Für Regula

Einleitung

Zwerghamster gehören wegen ihres niedlichen Aussehens zu den besonders beliebten Haustieren. Sie benötigen wenig Platz, brauchen keinen täglichen Auslauf und geben auch keine störenden Laute von sich. Aber auch wenn Zwerghamster zu den Kleinsten unter den Kleinen gehören und wenig Zeitaufwand bedürfen, haben auch sie Ansprüche an Pflege, Ernährung und Haltung.

Wie bei anderen Tieren auch, muss auch die Anschaffung eines Zwerghamsters gut überlegt sein. Der tägliche Aufwand für diese niedlichen Tiere ist zwar geringer als bei anderen Haustieren, aber dennoch haben auch Zwerghamster Bedürfnisse und Ansprüche, denen Sie gerecht werden müssen. Hier auf dieser Seite erfahren Sie viel über die unterschiedlichen Zwerghamsterarten, deren Haltung, Ernährung und alles rund um den Alltag mit den kuscheligen Gesellen. In der Natur gibt es circa 20 verschiedene Zwerghamsterarten. Auf Zwerghamster.de.to werden aber vor allem die vier typischen „Heimtierarten" mit ihren Eigenschaften und Ansprüchen vorgestellt. Ob Dshungarischer-, Campbell-,

Abbildung 1© Julia Gräber/fotolia.com

Roborowskii- Zwerghamster oder Chinesischer Streifenzwerghamster, alle vier Arten sind zur Heimtierhaltung sehr beliebt. Obwohl alle vier zur Kategorie Zwerghamster gehören, haben Sie dennoch verschiedene Eigenschaften.

Zwerghamster sind Einzeltiere. Diese Charaktereigenschaft sollten Sie vor einem Zwerghamsterkauf bedenken.

In seltenen Fällen kann es bei Teddy- oder Goldhamster vorkommen, dass sie einen „Käfigkollegen" akzeptieren, aber meist kommt es ab dem „Pubertätsalter" zu massiven Rangkämpfen mit oft tödlichen Ausgang. Zwerghamster sind relativ schreckhaft. Ihr Sehvermögen ist relativ schlecht ausgeprägt, dafür können sie umso bessern Schnuppern. In sehr unruhigen Räumen sind Zwerghamster deshalb weniger gut aufgehoben. Die Lebenserwartung dieser kleinen Tiere ist relativ niedrig. Im Durchschnitt werden sie 2 ½ Jahre alt. In dieser Zeit können sie ihrem Besitzer allerdings viel

Abbildung 2© Marla/fotolia.com

Freude bereiten und auch Zwerghamster können Ihnen sehr stark ans Herz wachsen. Nicht alle Zwerghamster schlafen den ganzen Tag. So ist beispielsweise der Dschungare besonders beliebt, da er auch tagsüber des Öfteren wach ist. Zudem sind Dschungarische Zwerghamster nicht so scheu wie ihre „Kollegen" und suchen oft

auch die Nähe zum Menschen. Der Speiseplan des Zwerghamsters sollte sehr abwechslungsreich sein. Ob Wildsamen, Grünpflanzen, Gemüse oder Obst, je mehr Abwechslung, desto lieber ist es ihm. Zwerghamster buddeln gerne, weshalb sie einen Käfig mit viel Einstreu besonders lieben. Sie wollen noch mehr über Zwerghamster erfahren, dann lesen Sie dieses Buch.

Feedback, Verbesserungsvorschläge und Kritik sind willkommen. Kontakt: qop@gmx.ch

Inhaltsverzeichnis

1   Der Zwerghamster – eine Geschichte

Den Zwerghamster gibt es erst vergleichsweise kurz als Heim- und
Labortier. Thomas Campbell entdeckte im Jahr 1905 den Campbell-
Zwerghamster. Erst eine Weile nach seiner Entdeckung wurde der
Zwerghamster in der Akademie der Wissenschaften im heutigen
Sankt Petersburg gehalten. Diese Labortiere stammten aus der
Mongolei. Auch in der heutigen Zeit ist in Russland der
Zwerghamster ein sehr beliebtes Forschungstier. Den Campbell-
Zwerghamster gibt es erst seit etwa 1995 in Zoofachgeschäften zu
kaufen.

Simon Pallas beschrieb im Jahr 1773 den Dshungarischen
Zwerghamster. Im weiteren erforschte er auch den Daurischen
Zwerghamster. Das deutsche Max-Plank-Institut forscht seit Ende
der 1960er-Jahre an den verschiedenen Zwerghamstern. Besonders
der Dshungarische Zwerghamster wurde bei uns eingehend

Abbildung 3 Steppenlandschaft

studiert. Seither finden die Tiere immer mehr Bedeutung als Heim- und Labortiere. Der Tierpark Berlin-Friedrichsfelde war wesentlich an der Einführung und Verbreitung des Roborowski-Zwerghamsters beteiligt. Dieser Zwerghamster wurde nach einer Roborowski-und-Kozlov-Expedition benannt. Auf ihrer Expedition im Jahr 1894 entdeckten sie diese Art von Zwerghamster. Das Tier wurde acht Jahre später von K. Satunin beschrieben. Der Roborowski-Zwerghamster gilt als sehr gesellig und hat mittlerweile auch den Weg in die Wohnstuben der Welt gefunden.

2   Wichtige Überlegungen vor dem Kauf

2.1   Umgebung und Standort

Sie möchten sich einen Hamster zulegen. Als Erstes sollte Folgendes abgeklärt werden: Haben sie oder ein Familienmitglied vielleicht eine Tierhaarallergie? Einen solchen Allergietest kann beim Dermatologen oder beim Internisten durchgeführt werden.

Als Nächstes muss geklärt werden, wo das Hamsterheim stehen soll. Ist die eigene Wohnung überhaupt groß genug um ein Hamsterheim aufzustellen? Sollte das der Fall sein, wo soll das Hamsterheim stehen? Sollte es ein Käfig oder eher ein Terrarium sein? Günstige Terrarien finden sie zum Beispiel bei Terraristikshop.net. Das Hamsterheim sollte groß genug sein. Ein Terrarium mit den Abmessungen 80 x 50 x 40cm ist das Minimum für 2 Zwerghamster. Ein Hamsterheim, welches oben offen ist, sollte mindestens 40cm hoch sein, damit die Tiere nicht entkommen können.

2.2   Der optimale Standort

Der Käfig oder das Terrarium für die Hamster sollte an einem möglichst ruhigen Ort aufgestellt werden. Wenn möglich sollte der Käfig nicht direkt auf dem Fußboden platziert werden, denn die Tiere können die Vibrationen, welche durch Schritte verursacht werden, wahrnehmen, und fühlen sich gestört. Das Hamsterheim sollte auch weit entfernt von Lärmquellen, wie z.B. Fernseher etc., eingerichtet werden. Laute Geräusche schaden dem Zwerghamster.

Auch ein Platz direkt an einem Fenster ist eher ungeeignet für die Tiere. Die dämmerungs- und nachtaktiven Tiere sollten keiner direkten Sonneneinstrahlung ausgesetzt werden. Auch die Zugluft, bei einem Fenster oft vorzufinden, ist für das Tier schädlich.

Die Hamster können Kälte recht gut vertragen. Der Zwerghamster hat mehrere spezielle Methoden entwickelt, um auch in kalter Umgebung zu überleben. Temperaturen unter null °C sind für das Tier überhaupt kein Problem. Es gibt Berichte, nach denen Dshungarische Zwerghamster noch bei -40°C aktiv waren.

Dennoch sind 21°C ideal für unsere Hamster. Man sollte eher darauf achten, dass es im Hamsterheim nicht zu warm wird, denn die Zwerghamster sind hitzeempfindlich.

2.3   Die Kosten

Abbildung 4 Kreditkarte

Auf den ersten Blick erscheinen die Kosten für einen Zwerghamster überschaubar. Es muss dabei jedoch bedacht werden, dass Zwerghamster mehrere Jahre leben können. Die Kosten für ein Hamsterheim sind eine einmalige Ausgabe. Die Unterhaltskosten sind jedoch laufend. Es muss in regelmäßigen Abständen Futter (Frisch- und Trockenfutter) beschafft werden. Auch Einstreu und Heu muss regelmäßig gekauft werden. Weiter kommen noch Einrichtungsgegenstände wie Spielzeug, Häuschen und Laufräder dazu.

Das Tier selbst kostet je nach Zoohandlung oder Züchter unterschiedlich viel. Die Art und die Fell- und Farbvariante bestimmen hier den Preis. Ein wildfarbener Campbell-Zwerghamster kostet zwischen 5 und 15 Euro. Ein Dshungarischer Zwerghamster kostet etwa gleich viel. Besondere Varianten kosten entsprechend mehr. Der Roborowski-Zwerghamster kostet in den meisten Fällen auch etwas mehr als ein Campbell-Zwerghamster.

Im Weiteren muss bedacht werden, dass auch ein Hamster einmal krank werden kann. Eine intensivere Pflege durch den Halter ist dann angesagt. Es kann auch einmal ein Besuch beim Tierarzt nötig sein. Können sie auch diese Kosten übernehmen?

2.4   Die liebe Zeit

Abbildung 5 Zeit

Ein Hamster ist eigentlich nicht sehr zeitintensiv. Einmal in der
Woche sollte der Hamsterkäfig komplett gereinigt werden. Jeden
Tag muss frisches Wasser nachgefüllt und das Futter ergänzt
werden. Dabei führt man auch einen kurzen Gesundheitscheck der
Hamster durch. Das wird sehr schnell zur Routine und beansprucht
kaum Zeit. Möchten sie jedoch einen zahmen Hamster, so sollten
sie sich ein wenig mehr mit dem Tier beschäftigen. Nehmen sie das
Tier jeden Tag ich die Hand und beschäftigen sich mit ihm. So kann
sich der Hamster an sie gewöhnen.

2.5   Und die anderen?

Sollten sie weitere Haustiere halten, so muss sichergestellt werden, dass der Hamster vor diesen in Sicherheit ist. Katzen, Hunde und Frettchen werden gerne mal zum Raubtier, wenn sie vor einem süßen kleinen Dshungarischen Zwerghamster stehen. Der Zwerghamster sollte möglichst in einem separaten Raum gehalten werden, wo andere Tiere keinen Zutritt haben. Hamster haben einen ausgezeichneten Geruchsinn und wittern die anderen Tiere. Es bedeutet sehr viel Stress für die Tiere, wenn sie regelmäßig von „Raubtieren" umgeben sind.

2.6   Wie viele sollen es denn sein?

Wie viele Tiere sollte ich zusammenhalten? Lieber eine männliche Gruppe? Oder nur Weibchen? Oder ein gemischtes Rudel? Wir verlassen uns hier auf Erfahrungswerte, denn Naturbeobachtungen zum Sozialverhalten der Tiere sind sehr dürftig. Chinesische Streifenhamster müssen einzeln gehalten werden. Die Tiere einer Gruppe vertragen sich, bis sie maximal 5 Monate alt werden. Während der Paarungszeit sind die Weibchen noch ziemlich friedlich. Sobald sie aber trächtig sind, werden sie den Männchen gegenüber unverträglich. Die weiblichen Tiere beißen die Männchen dann immer wieder. Vor allem in das Hinterteil, die Hoden und den Schwanz. Die Männchen wehren sich äußerst selten, ihnen bleibt nur die Flucht.

Campbell-Zwerghamster leben in der Natur meistens als isolierte Paare zusammen. Die Campbell-Zwerghamster sind äußerst soziale Tiere und können, sofern genügend Platz vorhanden ist, problemlos in gemischten Gruppen gehalten werden. In einer Gruppe, in der nur Weibchen leben kommt, es öfter zu Streitereien, als in rein männlichen Gruppen. Man kann jedoch auch nur Weibchen zusammenhalten. Geschwisterpaare vertragen sich über einen langen Zeitraum eigentlich recht gut. Unter den Campbell-Hamstern findet man verschiedene Charaktere. Von überaus freundlich, bis sehr bissig. Aus diesem Grund kommt es auch immer auf die einzelnen Tiere an, ob eine Gruppe oder ein Paar gut miteinander harmoniert.

Dshungarische Zwerghamster teilen sich in der Natur nur sehr selten eine Höhle mit dem gleichen Geschlecht. Bei diesen Hamstern sollten Weibchen und Männchen als Paar gehalten werden. Möchten sie dennoch gleichgeschlechtliche Tiere halten, z.B. um Nachwuchs zu vermeiden, so sollten sie es mit zwei männlichen Hamstern versuchen.

Die Roborowski-Zwerghamster können in einer Familie gehalten werden. Streitereien zwischen den Familienmitgliedern sin äußerst selten. Es ist jedoch äußerst schwierig, ein fremdes Tier in die Familie zu integrieren.

2.7   Der Kauf eines neuen Heimtieres

Zwerghamster sind heute äußerst beliebte Haustiere. In vielen Zoohandlungen können die Tiere in unterschiedlichen Arten und Farbschlägen erworben werden. Der direkte Kauf beim Züchter ist aber immer noch der beste Weg, um an einen gesunden Hamster zu kommen. Viele Züchter inserieren in Fachzeitschriften oder im Internet. Auch auf einer Tierbörse können Kontakte zu Züchtern geknüpft werden. Auch das Tierheim in ihrer Nähe ist immer einen Besuch wert. Vielleicht sucht ja ein kleiner hübscher Zwerghamster ein neues Zuhause.

Beim Kauf sollte darauf geachtet werden, dass der Hamster einen agilen Eindruck macht. Augen und Fell müssen trocken sein und glänzen. Das Tier darf weder zu fett, noch zu dünn sein. Versuchen sie ruhig einmal das Tier in die Hand zu heben. Dabei können sie sein Verhalten beobachten. Ein Hamster versucht sich immer, dem Zugriff zu entziehen. Wenn das Tier anfängt zu schreien und sich dabei auf den Rücken wirft, ist das ganz normal. Jetzt können sie das Tier von unten betrachten. Die Region um den After muss sauber und trocken sein.

Der gekaufte Hamster kann bequem in einer Faunabox nach Hause gebracht werden. Eine Faunabox ist auch für spätere Transporte optimal (Tierarzt etc.). Wenn der Hamster in sein neues Gehege gesetzt wurde, sollte er erst einmal in Ruhe gelassen werden. Er muss sich zuerst orientieren und die vielen Eindrücke verarbeiten. Dies dauert eine Weile. Geben sie dem neuen Haustier mindestens einen Tag Zeit um sich an die neue Umgebung zu gewöhnen.

3 Das Hamsterheim

Wie sollen den nun die Zwerghamster untergebracht werden? Der Käfig- oder Terrariumgröße sind nach oben keine Grenzen gesetzt, nur die verfügbaren räumlichen und finanziellen Möglichkeiten können der Gehegegröße eine Grenze aufzeigen. Es ist selbstverständlich, dass das Hamsterheim der Anzahl der Tiere angepasst sein muss. Bei den Dshungarischen Zwerghamstern kann es jedoch vorkommen, dass sich eine Gruppe in einem kleineren Gehege besser verträgt als in einem großen. Die Hamstergruppe fällt bei einem zu großen Platzangebot auseinander, die Tiere bekämpfen sich gegenseitig.

Abbildung 6 Käfighaltung

23

Alle Hamster laufen gerne und viel. Speziell der Roborowski-Zwerghamster kann große Strecken zurücklegen. Aus diesem Grund sollte das Gehege von Roborowski-Hamstern recht groß bemessen sein. Auch die Gehegehöhe sollte nicht zu niedrig angesetzt sein. Die allermeisten Zwerghamster sind gute Kletterer. Das Zwerghamsterheim sollte ein Mindestmaß von 4000cm² also 80 x 50cm oder 100 x 40cm, aufweisen

Beim Hamsterheim kann zwischen Aquarien bzw. Terrarien, Kunststoffkäfigen und Käfigen mit Gittern gewählt werden. Jede Behausung hat seine eigenen Vor- und Nachteile. Gitterkäfige werden nur sehr selten speziell für Zwerghamster angeboten. Aus diesem Grund sollte bei Käfigen mit Gittern darauf geachtet werden, dass der Gitterabstand klein genug ist. Denn Zwerghamster können sich sonst leicht durch die Gitterstäbe hindurchzwängen. So sollten die Gitterstäbe maximal 0,7cm Abstand voneinander haben. Die Plastikwannen von Gitterkäfigen sind meistens nicht hoch genug. Dies ist ein weiterer Nachteil, denn durch die niedrige Wanne gerät leicht Einstreu aus dem Käfig. Manchmal nagt der Hamster auch an den Gitterstäben, was nachts zur Ruhestörung ausarten kann. Sollten sie sich dennoch für ein Hamsterheim mit Metallgitter entscheiden, so achten sie unbedingt darauf, dass die Gitterstäbe nicht mit Farbe lackiert wurden. Der Vorteil eines Gitterheimes ist vor allem der, dass das Tier die Gitterstäbe zum Klettern nutzen kann.

Bei einem Plastikkäfig kann der Hamster die Wände nicht hochklettern. Dieser Nachteil muss durch entsprechende Einrichtungsgegenstände wieder wettgemacht werden. Bei einem Heim aus Kunststoff sollte auf eine hohe Qualität geachtet werden. Der Kunststoff darf dem Hamster keine Angriffspunkte zum Knabbern anbieten, sonst entsteht sehr schnell ein Loch durch das das Tier entwischen kann.

Auch Glasaquarien sind gut als Heim für den Zwerghamster geeignet. Auch bei Aquarien oder Terrarien auf Glas müssen dem

Tier Klettermöglichkeiten zusätzlich angeboten werden. Das Aquarium sollte auf jeden Fall abgedeckt werden, denn die Hamster klettern nicht nur gut, sie können auch sehr gut springen. Um eine ausreichende Durchlüftung des Terrariums zu gewährleisten, sollte diese Abdeckung aus Gitter bestehen. Als Nachteil kann das hohe Gewicht des Glasbehälters angesehen werden.

3.1   Die Einrichtung

Bei der Einrichtung des Hamsterheims müssen wir bedenken, dass die Zwerghamster zu den Wühlern gehören. Die meisten Arten sind jedoch keine guten Baumeister. Der Bau der Tiere fällt je nach Hamsterart unterschiedlich aus. Die Roborowski-Zwerghamster haben in ihrer ursprünglichen Heimat mit dem Sand zu kämpfen, was das Anlegen eines Baus erschwert. Aus diesem Grund bauen die Roborowski-Zwerghamster sehr einfache Röhren mit einer Nistkammer am Ende. Dshungarische Zwerghamster gliedern ihren Bau bereits etwas mehr. Bei ihnen besteht der Bau in den meisten

Abbildung 7 Einstreu

25

Fällen aus einem horizontalen Gang sowie einer Nistkammer.
Verschiedene senkrechte Schächte münden in den Hauptgang.
Zwerghamster besetzen gerne fremde verlassene Baue. Aus diesem
Grund können den Tieren fertige Gänge angeboten werden. Zum
Beispiel Korkröhren oder Papprollen.

Als Einstreu sind
Hobelspäne Bestes
geeignet für die
Hamster. Das gesamte
Gehege sollte mehrere
Zentimeter hoch mit
dieser Einstreu
ausgelegt werden.
Hanfeinstreu ist etwas
kostspieliger als

Abbildung 8 Heu

Hobelspäne, hat aber den Vorteil, dass es nicht so staubt. Die Tiere
nehmen Heu gerne als Nistmaterial an. Das Heu wird von den
Nagern auch gerne angefressen. Das Heu kann entweder im
Zoofachhandel gekauft oder selbst hergestellt werden. Bei der
Herstellung von Heu sollten sie auf nur ungespritzte Pflanzen
verwenden. Auch geruchsneutrales und ungefärbtes Toilettenpapier
wird von den Zwerghamstern gerne zerkleinert und als Nistmaterial
verwendet.

Ein Zwerghamster braucht einen Unterschlupf. Die Tiere verwenden
diesen Unterschlupf als Vorratskammer oder Nisthöhle. In
Zoofachgeschäften werden die unterschiedlichsten Hamsterhäuser
angeboten. Holz- oder Tonhäuschen sind Unterschlüpfen aus
Kunststoff vorzuziehen. Die Tiere nagen gerne am Holz

und nutzen das Dach als Klettermöglichkeit. Im Weiteren sollte
darauf geachtet werden, dass der Unterschlupf keinen Boden hat,
denn die Tiere urinieren auch in das Häuschen. Ein mit einem Boden

geschlossenes Häuschen kann hier zu einem hygienischen Problem werden. Häuschen aus glasiertem Ton und Kunststoff sind nicht atmungsaktiv. Dadurch kann sich durch die Tiere Schwitzwasser bilden, welches sich niederschlägt. Unglasierte Tonhäuschen sind hier im Vorteil.

3.2   Und zur Unterhaltung?

Das Hamstergehege sollte so gestaltet werden, dass den Tieren nicht langweilig wird. Durch ein abwechslungsreiches Unterhaltungsprogramm können stereotypische Störungen bei den Tieren vorgebeugt werden. Denn akute Langeweile kann bei den Zwerghamstern zu Verhaltensstörungen führen. Papprollen und Eierkartons sollten im Haushalt immer für die Tiere zur Seite gestellt werden. Die Hamster nagen gerne am Karton oder verwenden ihn als alternativen Unterschlupf. Die Zwerghamster nagen auch sehr gerne an Zweigen von Haselnuss, Birken, Weiden und Obstbäumen (ungespritzt!). Die Zweige sollten stabil genug sein, damit die Tiere diese auch zum Klettern verwenden können.

Auch Wurzeln oder ein paar Steine sorgen für die nötige Abwechslung im Hamsterheim. Auch ein Sandbad kann den Hamstern angeboten werden. Unter anderem dient das Baden im Sand der Fellpflege. Vogelsand ist dazu bestens geeignet, da er nicht scharfkantig ist. Natürlich sollte der Sand, vorzugsweise in einem großen Gefäß oder Teller gefüllt, regelmäßig ausgewechselt werden.

Laufräder sind ein beliebter Einrichtungsgegenstand, damit die Zwerghamster ihren Bewegungsdrang stillen können. Im Zoofachgeschäft gibt es die verschiedensten Modelle. Die Räder sind sowohl aus Kunststoff als auch aus Metall erhältlich. Die Diskussion, ob das Laufrad eher den Tieren nützt oder ihnen

Schaden zufügt, ist noch nicht abgeschlossen. Der Vorteil solcher Laufräder ist der, dass sich die Tiere richtig austoben können, was sie fit hält. Der Nachteil ist, dass der Zwerghamster eine Stereotypie im Rad entwickeln kann.

Doch welches Rad ist nun für Zwerghamster geeignet? Bei den metallenen Laufrädern läuft der Nager direkt auf Metallstäben. Das kann schädlich für die Beine und die Füße des Tiers sein. Es ist daher darauf zu achten, dass das zumindest die Lauffläche mit Juteband oder Kunststoff überzogen ist. Die günstigen Kunststoffräder sind eher ungeeignet, da das Tier auch hier auf Stäben laufen muss. Und diese Stäbe werden gerne angefressen. Ein gutes Laufrad besteht aus Hartplastik und hat eine geschlossene Lauffläche. Auch die Rückseite vom Rad sollte geschlossen sein.

4 Die tägliche Hamsterpflege

Abbildung 9 Zwerghamster

Das Gehege sowie die Tiere müssen täglich kontrolliert werden.
Zuerst sollte sichergestellt sein, dass sich alle Tiere noch im Gehege
befinden. Bei einem Pärchen muss geprüft werden, ob sich
Nachwuchs eingestellt hat. Als Nächstes wird das Hamsterheim
kontrolliert. Ist noch genügend Futter vorhanden? Ist das
vorhandene Futter auch sauber? Muss altes Frischfutter entfernt
werden? Die Ecke, welche die Tiere als Toilette benutzen, muss
regelmäßig gereinigt werden. Dazu wird die gesamte Einstreu
entfernt und durch frische ersetzt.

Das Hamsterheim muss nicht wöchentlich komplett gereinigt
werden, denn die Tiere fühlen sich in ihrem markierten Revier wohl.
Denn bei einer kompletten Reinigung müssen sich die
Zwerghamster neu zurechtfinden und frische Duftmarken
anbringen. Ratsam ist es, den Großteil der Einstreu alle zwei
Wochen durch neue zu ersetzen.

Das Trinkwasser muss jeden Tag erneuert werden. Dabei wird auch der Wasserbehälter kurz gereinigt. Sollte es nötig sein, werden die Papprollen oder die Eierkartons erneuert. Und bei Bedarf wird den Tieren frisches Heu gereicht.

5 Der richtige Umgang

Eigentlich sind die Zwerghamster sehr umgängliche Tiere. Sie müssen sich jedoch zuerst an die Hand des Besitzers gewöhnen. Man sollte möglichst früh damit beginnen, die Tiere handzahm zu trainieren. Man beginnt damit, dem Hamster Leckereien mit den Fingern anzubieten. Das Leckerchen sollte dem Tier lange hingehalten werden, damit sich der Hamster an die Hand gewöhnen kann. Sobald die Tiere die Leckereien ohne Scheu annehmen, kommt der nächste Schritt.

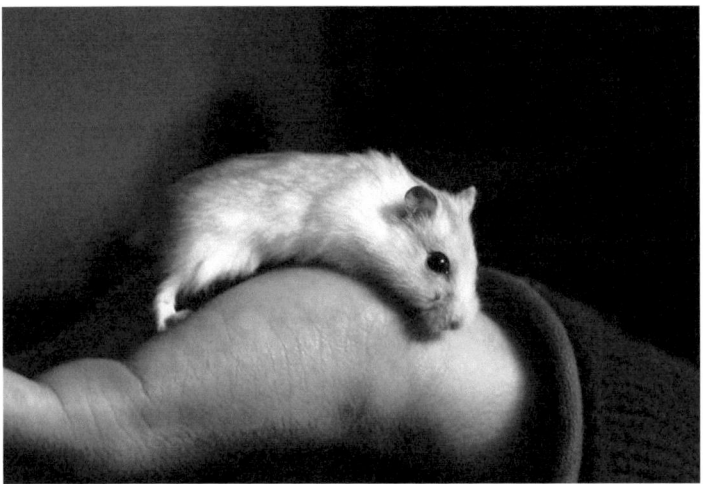

Abbildung 10 zahmer Zwerghamster

Jetzt kann der Hamster daran gewöhnt werden, dass man ihn in die Hand nimmt. Dazu kann man dem Tier die flache Hand in seinem Territorium anbieten. Vielleicht klettert der neugierige Nager direkt auf die Handfläche. Ansonsten ist Geduld angesagt. Der Hamster kann regelmäßig berührt werden, das Tier sollte jedoch nichts unter Zwang machen müssen.

Wie kann das Tier aus dem Gehege genommen werden? Wir kommen mit der Hand seitlich von hinten und greifen das Tier beherzt. Wir dürfen den Zwerghamster nicht zu fest greifen, sonst könnten wir ihn verletzen. Mit der Zeit wird man ein Gefühl dafür bekommen, wie fest man das Tier „drücken" muss, dass es sich gerade nicht mehr losreißen kann. Der Hamster kann auch vorsichtig mit beiden Händen hochgehoben werden. Er sitzt dann in einer Mulde, die wir mit den Händen machen.

Im Weiteren kann der Hamster wie ein Kaninchen an der Nackenhaut hochgehoben werden. Dazu nähert man sich mit der Hand langsam von hinten und legt die flache Hand über das Tier. Der sich nun flach auf die Einstreu pressende Zwerghamster kann nun mit dem Daumen und dem Zeigefinger am Nacken gegriffen werden. Diese Methode ist für das Tier völlig ungefährlich, erfordert aber einiges an Erfahrung.

Wenn wir den Hamster auf einen Tisch oder etwas Ähnliches stellen, müssen wir unbedingt darauf achten, dass er nicht davonrennt und abstürzt. Die Tiere haben nämlich naturbedingt kein sicheres Gefühl für die Höhe. Die Zwerghamster dürfen keinesfalls gebadet werden. Die Tiere können zwar schwimmen, geraten dabei jedoch schnell in Panik. Die Zwerghamster sind in der Lage sich selber rein zu halten.

6   Die richtige Fütterung

Abbildung 11 Futtermischung

Die richtige Ernährung spielt auch bei den Zwerghamstern eine wichtige Rolle für die Gesundheit und das Wohlbefinden der Tiere.

Um die Tiere artgerecht ernähren zu können, müssen wir wissen, was ihre wild lebenden Verwandten fressen. Die Basis der Ernährung von Zwerghamstern bilden Früchte und Samen von Pflanzen in ihrem Territorium.

Das Pflanzenangebot in der Natur variiert je nach Jahreszeit stark. Stängel, Blätter und Blüten von Pflanzen werden nur in geringen Mengen verzehrt. Früchte und Samen von Pflanzen, meistens von

Abbildung 12 Mais

33

Gräsern und Sträuchern, sind viel wichtiger für die Tiere. Es gibt Zwerghamster-Arten, welche auch Insekten, Schnecken und Spinnen verspeisen. Alle Arten können sich sehr schnell an ein neues Futterangebot anpassen.

Alle Zwerghamsterarten ernähren sich in natürlicher Umgebung unterschiedlich. Der Roborowski-Zwerghamster ernährt sich meistens nur von Samen. Weder vegetative Pflanzenteile noch

tierische Kost werden angerührt. Für eine artgerechte Ernährung benötigt der Roborowski-Zwerghamster mindestens 80% Sämereien und maximal 20% Nahrung tierischer Herkunft.

Abbildung 13 Weizenkörner

Campbell-Zwerghamster und die Dshungarischen Zwerghamster fressen auch fast keine vegetativen Pflanzenteile. Sie Fressen jedoch mehr tierische Nahrung. So benötigen diese Arten ca. 40% tierische Kost und ca. 60% Sämereien.

Es reicht nicht aus, den Tieren nur eine Futtermischung aus der Zoohandlung anzubieten. Die Tiere sind nicht auf eine besondere Nahrung spezialisiert. Darum sollte ihr Speiseplan abwechslungsreich sein.

Zwerghamster sind Steppen- und Wüstenbewohner. Aus diesem Grund fressen sie meistens trockene Pflanzenteile wie z.B. Samen. Unser Trockenfutter kann diese Art von Nahrung gut ersetzen. Die Zoofachgeschäfte bieten Futter für Zwerghamster an, welches aus Kleinsämereien zusammengesetzt ist. Diese Zusammenstellung ist wichtig, denn in ihrer natürlichen Umgebung fressen die Tiere auch nur kleinere Samen. Kleinsämereien beschäftigen die Zwerghamster auch mehr. Die Tiere müssen viel mehr Samen sammeln und öffnen.

Wenn man den Hamstern immer die gleiche Mischung von Samen anbietet, ist das aber nicht wirklich abwechslungsreich. Das Beste ist, wenn man die Futtermischung für die Tiere selbst zusammenstellt. Die einzelnen Zutaten können dafür in vielen Tier-, Zoo- oder Futtermittelhandlungen gekauft

werden. Die Menge kann entweder selbst abgewogen werden oder es können bereits abgefüllte Päckchen gekauft werden. Eine selber zusammengestellte Futtermischung ist meistens günstiger und erst noch abwechslungsreicher für die Zwerghamster.

Aber welche Zutaten sollte eine solche Futtermischung enthalten? Hier nun eine Auswahl an Zutaten für eine

Abbildung 14 Kürbissahmen

Trockenfuttermischung:

- Erbsen

- Roggen

- Weizen

- Mais

- Hafer

- Ungeschälter Reis

- Hanfsamen

- Spitzsaat

Abbildung 15 Weizenhalm

35

- Hirse

- Mohnsamen

- Grassamen

- Kleine Pellets

Zu den fetthaltigeren Zutaten gehören:

- Erdnüsse

- Linsen

- Haselnüsse

- Sonnenblumenkerne

Abbildung 16 Pellets

Wenn Pellets angeboten werden, sollte deren Zusammensetzung bekannt sein. In den meisten Fällen sind die Bestandteile auf der Verpackung aufgedruckt. Auch in ihrer Küche werden sie so einiges finden, was den kleinen Nagern bekommt. Mit den folgenden Zutaten kann der Speiseplan der Zwerghamster gelegentlich bereichert werden:

- Haferflocken

- Zwieback

- Nature-Cornflakes

- Knäckebrot

- Nature-Müsli

- Gekochter Reis

- Trockene Nudeln

Als Leckerli können den Hamstern gelegentlich auch Rosinen angeboten werden. Es sollte nicht nur darauf geachtet werden, was sich in einer zusammengestellten Futtermischung befindet, sondern auch wie viel. So sollten sie die eher fetthaltigen Zutaten wie Sonnenblumenkerne, Rosinen, Linsen oder Nüssen nur sparsam verfüttern. Natürlich schmecken die „ungesunden" Zutaten den Tieren sehr gut, die Zwerghamster können bei zu hohem Konsum jedoch rasch verfetten. Dshungarische Zwerghamster sind hier besonders anfällig.

Die Sonnenblumenkerne gibt es im Handel sowohl geschält als auch ungeschält. Die ungeschälten sind hier im Vorteil, denn der Hamster muss sich mit den Kernen erst mal beschäftigen. Sollte einmal etwas gekochter Reis oder gekochte Nudeln übrig bleiben, können sie auch hiervon dem Hamster ein wenig anbieten. Selbstverständlich ungewürzt.

Auch hartes, trockenes Brot ist wichtig für die Zwerghamster. Denn bei Nagetieren wachsen die vorderen Schneidezähne stetig. Sie brauchen also Nagematerial und hartes Futter um ihre Zähne abzuschleifen. Auch Hundefutter erfüllt diesen Zweck. Außerdem enthält das Hundefutter tierisches Protein. Natürlich sollte den Hamstern weiteres Nagematerial in ihren zu Hause zur Verfügung stehen.

Abbildung 17 Brot

6.1 Die tierische Nahrung

Abbildung 18 Heuschrecke

Wie bereits geschrieben, braucht ein Zwerghamster auch tierisches Futter. Frei lebende Hamster brauchen einen hohen Proteinanteil im Futter. Der Proteingehalt einer Futtermischung sollte bei unseren kleinen Nagern mindestens 18% betragen.

Besonders bei trächtigen oder säugenden Weibchen ist ein hoher Eiweißanteil im Futter sehr wichtig. Sollte einem trächtigen Weibchen zu wenig tierisches Eiweiß zur Verfügung stehen, kann es vorkommen, dass es ihre Neugeborenen auffrisst, um den Mangel auszugleichen.

Den Bedarf an tierischen Eiweißen kann auf verschiedene Art und Weise gedeckt werden. Die natürlichste ist wohl die Verfütterung von Insekten. Grillen, Mehlwürmer, Heuschrecken und Heimchen findet man in kleinen Plastikdosen abgepackt im Zoofachgeschäft. Wenn sie die Insekten lebend verfüttern wollen, können sie sich auf ein Spektakel einstellen. Sie werden sich wundern, wie flink so ein kleiner Zwerghamster sein kann.

Abbildung 19 Schabe

Der Mehlwurm ist eigentlich gar kein Wurm, sondern die Larve des Mehlkäfers. Mehlwürmer werden äußerst gern von den Zwerghamstern gefressen. Aber auch die Mehlkäfer werden gerne als Snack verspeist. Mehlwürmer zu Hause zu halten ist nicht aufwendig. So hat man stets ein Leckerli für seine Zwerghamster zur Hand. Die Mehlwürmer können mit Salat oder Haferflocken gefüttert werden. Eine ausführliche Zuchtanleitung für Mehlwürmer und andere Insekten finden Sie HIER.

Mehlwürmer, Heuschrecken und Heimchen sollten nur sparsam verfüttert werden. Die Zwerghamster werden sonst schnell zu dick davon. Auch Hunde- und Katzenfutter kann den Hamstern verfüttert werden. Es kann direkt unter die Futtermischung gegeben werden.

Aus dem Supermarkt eignet sich für die Proteinversorgung der Hamster Hüttenkäse, Magerquark, Nature-Joghurt und hart gekochte zerkleinerte Eier. Die Futterreste müssen spätestens nach 24 Stunden wieder beseitigt werden, denn sie verderben sehr schnell. Auch die Vorratskammern der Zwerghamster sollten regelmäßig nach verderblichen Futtermitteln durchsucht werden.

6.2 Das Frischfutter

Abbildung 20 Frischfutter

Als Frischfutter bezeichnen wir diverses Obst, Gemüse und andere Pflanzen. Geeignetes Frischfutter finden wir auf dem Wochenmarkt oder eben auch im Supermarkt. Aber auch im eigenen Garten oder auf der nahen Wiese finden wir diverse Leckereien für die Zwerghamster. Man sollte jedoch darauf achten, dass sich neben den Futterpflanzen keine viel befahrene Straße befindet und dass das Grünzeug nicht gespritzt wurde.

Obst und Gemüse aus dem Supermarkt müssen vor der Verfütterung gründlich gewaschen werden. Sollten sie das Grünzeug im Kühlschrank aufbewahren, sollten sie es vor der Verfütterung eine Weile bei Zimmertemperatur stehen lassen.

Niemals kalt verfüttern! Folgendes fressen die Zwerghamster sehr gerne:

Obst:

- Melonen

- Birnen

- Äpfel

- Weintrauben

- Bananen

- Erdbeeren

- Pflaumen

- Avokados

Abbildung 21 Obstschale

Gemüse:

- Zucchini

- Speisekürbis

- Paprika

- Gurken

- Mais

- Salat

- Brokkoli

- Tomate

Abbildung 22 Gemüse

Weitere Pflanzen:

- Vogelmiere

- Sauerampfer

- Löwenzahn

- Schnittlauch

- Petersilie

- Klee

- Brunnenkresse

- Süssgräser

- Spitzwegerich

Petersilie fressen die Zwerghamster sehr gerne. Aromatische Küchenkräuter, wie zum Beispiel Basilikum, werden nicht so gerne gefressen. Auch Zitrusfrüchte meiden die Hamster eher.

Abbildung 23 Löwenzahl

42

6.3 Und das Wasser?

Sollten den Zwerghamster genügend saftiges Frischfutter zur Verfügung stehen, müssen sie nicht unbedingt trinken. Dasselbe gilt auch für weitere Nagetierarten. Nagetiere können das benötigte Wasser aus dem Futter gewinnen. Bei den Wüsten bewohnenden Tieren ist safthaltiges Futter vielfach

Abbildung 24 Trinkwasser

die einzig verfügbare Wasserquelle. Roborowski-Zwerghamster meiden meistens das Wasser, auch wenn es ihnen zur Verfügung steht. Sie nehmen lieber das Frischfutter. Die Zwerghamster können ihren Urin konzentrieren, um mit dem vorhandenen Wasserangebot auszukommen.

Der Vorteil einer wasserfreien Ernährung ist der, dass das Frischfutter sehr viele Vitamine und Mineralstoffe enthält. Ansonsten müsste mit Vitaminpräparaten gearbeitet werden. Da einige Obst- und Gemüsesorten nur saisonbedingt erhältlich sind, ist die Ernährung der Tiere sehr abwechslungsreich. Den Zwerghamstern kann selbstverständlich dennoch Trinkwasser angeboten werden. Das Wasser muss aber täglich erneuert werden und der Wassernapf oder die Wasserflasche gereinigt werden.

6.4 Giftiges!

Nicht alles was wir für lecker halten, bekommt den Zwerghamstern. Mandeln und Walnüsse dürfen nicht verfüttert werden. Sie enthalten für die Tiere giftige Blausäure. Kartoffeln sollten immer nur abgekocht verfüttert werden, da sie

Abbildung 25 Toxic

Solanin enthalten können. Weiter sollte das Grün von Tomatenpflanzen niemals verfüttert werden. Sollten sie den Hamstern Zweige von Bäumen zum Nagen ins Gehege geben, achten sie bitte auf die Holzsorte. Das Holz von Obstbäumen, sofern nicht gespritzt, ist sehr gut geeignet. Auch Birke und Weide eignen sich hervorragend. Robinie, Holunder und Eibe sind giftig! Auch auf Nadelhölzer sollte verzichtet werden. Auch viele Zimmerpflanzen sind giftig, achten sie darauf, wenn sie den Tieren Auslauf gewähren.

7 Gesunde Zwerghamster – kranke Zwerghamster

Abbildung 26 Health

Bei der Haltung von Haustieren ist die Hygiene äußerst wichtig. Es kann nicht ausgeschlossen werden, dass der Zwerghamster sogenannte Zoonosen auf den Menschen überträgt. Aus diesem Grund und zum Wohle der Tiere müssen gewisse hygienische Maßnahmen getroffen werden. Im schlimmsten Fall können von den Tieren Salmonellen, Milben und Pilze übertragen werden. Nach jedem Kontakt mit dem Zwerghamster oder seinem Gehege sollten die Hände gründlich gewaschen werden.

Mindestens alle zwei Monate muss das Hamsterheim komplett gereinigt und desinfiziert werden. Dazu wird es einfach mit heißem Wasser ausgespült. Bitte keine scharfen Reinigungsmittel verwenden, denn eventuell verbleibende Rückstände können den Tieren schaden. Stattdessen einfach nur heißes Wasser, biologische Reinigungsmittel oder Essig verwenden.

7.1 Die Profilaxe

Vorbeugen ist besser als heilen! Das gilt bei den Zwerghamstern in besonderem Maße, denn viele Krankheiten, welche die Tiere bekommen können, enden sehr schnell tödlich. Sollten sie

feststellen, dass es einem Tier nicht gut geht und sie den Grund nicht kennen, müssen sie sofort zum Tierarzt mit ihm.

Campbell- und Dshungarische Zwerghamster werfen sich gerne auf den Rücken und beginnen laut zu quietschen, wenn sie sich bedroht fühlen. Aus diesem Grund werden Krämpfe oder andere Anfälle vielfach von dem Halter als Abwehr- bzw.

Abbildung 27 Tierarzt

Verteidigungsverhalten fehlinterpretiert. Beschäftigen sie sich eingehend mit der Biologie und der Verhaltensweise von Zwerghamstern.

7.2 Backentaschenvorfall

Zwerghamster haben eigentlich sehr selten Probleme mit ihren Backentaschen. Da aber auch bei den Zwerghamstern solche Probleme auftreten können, sollte der Backentaschenvorfall hier erwähnt werden. Wenn den Tieren sehr klebriges Futter (Rosinen, Backpflaumen etc.) in größeren Mengen gereicht wird, kann es vorkommen, dass die Backentaschen der Tiere verkleben. In einem solchen Fall kann der Hamster seine Backentaschen nicht mehr für den Futtertransport verwenden. Wir beobachten dann das Tier, wie es sehr lange beim Futternapf bleibt und dort frisst.

Durch scharfkantiges Futter können die Backentaschen auch verletzt werden. Sollte sich ein Tier so verletzen, können die Backentaschen anschwellen und sich entzünden. So ein Tier hat nun dicke Backentaschen, welche es nicht mehr entleeren kann. Das Tier hat Schmerzen und gehört sofort zu einem Tierarzt. Der Tierarzt kann die Backentaschen umstülpen und wieder entleeren. Meistens stülpt sich bei einem Backentaschenvorfall nur eine Backentasche um quillt aus dem Maul des Hamsters. Solch ein Vorfall kann nur von einem Tierarzt behandelt werden.

7.3   Erkältung

Auch ein Zwerghamster kann sich erkälten. Wir hören ihn dann schniefen oder sogar niesen und sehen, dass seine Nase läuft. Der Hamster kann sich durch Zugluft oder zu feucht-kalte Umgebungstemperatur erkältet haben. Er kann sich aber genauso gut bei einem anderen Tier angesteckt haben. Das kranke Tier sollte nun in einen wärmeren Raum gebracht werden und mit

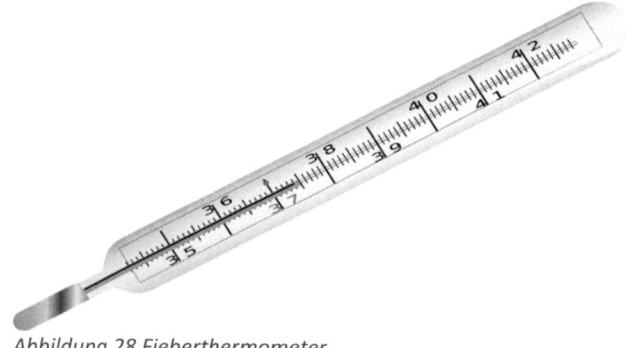

Abbildung 28 Fieberthermometer

48

ausreichend Wasser und gutem Futter ernährt werden. Sollte sich die Erkältung nach einem Tag nicht gebessert haben, sollte ein Tierarzt aufgesucht werden.

7.4 Durchfall

Sollten der Kot des Zwerghamsters flüssig oder breiig sein, leidet er unter Durchfall. Die Ursache für den Durchfall hat meistens einen harmlosen Hintergrund. Als Ursachen kommen das verfüttern von nassem Grünfutter oder Heu oder Zugluft und Unterkühlung infrage. Diese Ursachen lassen sich leicht abstellen. Sollte sich trotz veränderter Fütterung und wärmeren Standort keine Besserung einstellen, muss ein Tierarzt die Ursache des Durchfalls abklären.

Der Tierarzt wird auch feststellen, ob es sich um die Nassschwanzkrankheit handeln könnte. Diese Krankheit kann für das Tier den Tod bedeuten, eine Therapie mit Medikamenten wird aber in jedem Fall versucht. Durch den Durchfall verliert das Tier viel Flüssigkeit. Man muss dem kranken Tier also ausreichend Trinkwasser zuführen.

7.5 Appetitlosigkeit/Abmagerung

Sollte ein Zwerghamster plötzlich keinen Appetit mehr zeigen und abmagern, liegt der Grund sehr wahrscheinlich bei einem Magen-Darm-Problem. Als Erstes kann versucht werden die Fütterung umzustellen. Das Grünfutter sollte erst mal weggelassen werden. Selbstverständlich muss dem Tier nun zusätzliches Trinkwasser angeboten werden. Es könnte auch sein, dass das Tier an einer unbemerkten Verstopfung oder an Durchfall leidet. Verstopfungen betreffen vielfach die Jungtiere. Hier ist meistens der Mangel an Bewegung die Ursache. Dem Tier sollte ein großzügiger Auslauf angeboten werden.

Auch bei Zahnfehlstellungen kann es zu einer Abmagerung des Hamsters kommen. Wegen der Fehlstellung der Zähne kann der Zwerghamster nicht richtig fressen. Auch das Alter der Tiere sollte bedacht werden. Zwerghamster werden im Alter häufig mager. Dabei verliert auch das Fell seinen Glanz und wird stumpf. Das alte Tier ist nicht mehr so aktiv und frisst auch weniger. Solche Senioren können wie gewohnt gepflegt werden und müssen mit gutem Futter versorgt werden.

7.6 Zahnprobleme

Den Zwerghamstern muss immer genügend Nagematerial zur Verfügung stehen, ansonsten kann es zu Zahnproblemen kommen. Die Schneidezähne von Hamstern wachsen ihr ganzes Leben lang und müssen deshalb regelmäßig abgeschliffen werden. Zum einen geschieht dies durch Abschleifen am gegenüberstehenden Schneidezahn, zum andern durch das Nagen an hartem Futter oder anderem Material.

Es kommt vor, dass von Geburt an eine Zahnfehlstellung beim Tier vorliegt. Die unteren und die oberen Schneidezähne passen dann nicht aufeinander, sondern gleiten aneinander vorbei. In so einem Fall kann der Zwerghamster nicht richtig nagen, was auch die Zähne nicht abnutzen lässt. Als Folge werden die Schneidezähne immer länger. So kann es passieren, dass die Zähne in die Backentaschen oder in den Gaumen einwachsen. Hier muss schnellstmöglich ein erfahrener Tierarzt aufgesucht werden, welcher die Wunden versorgt und die Zähne kürzt. Bei einem solchen Tier müssen die Zähne regelmäßig vom Tierarzt gekürzt werden.

Auch ältere Tiere können Zahnprobleme entwickeln. So kann zum Beispiel nach einem kleineren Unfall ein Zahn des Tieres abbrechen. So kann sich der gegenüberliegende Zahn nicht mehr genügend abschleifen. Dieser Zahn wächst nun weiter und muss, bis der abgebrochene Zahn wieder nachgewachsen ist, regelmäßig vom Tierarzt gekürzt werden. Der Hamster kann in so einem Fall noch gut fressen.

7.7 Parasiten

Wenn es einen Zwerghamster juckt, erkennt man das daran, dass er sich unnatürlich oft putzt. Dem Tier können auch Haare ausfallen. Der Grund dafür können Ektoparasiten sein. Ektoparasiten sind Kleinstlebewesen, welche sich

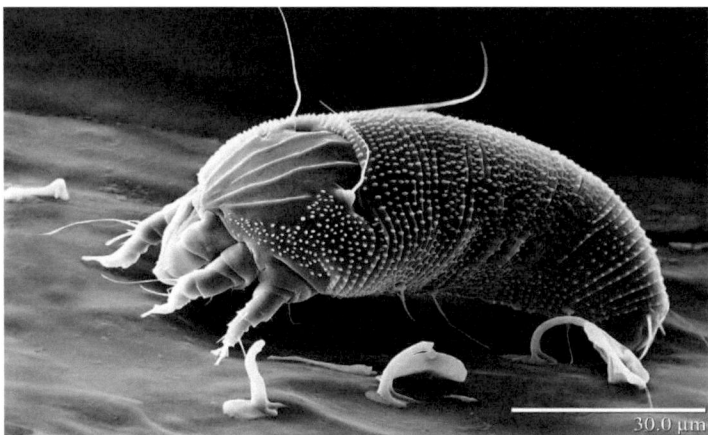

Abbildung 29 Parasit

im Fell und auf der Haut des Zwerghamsters aufhalten. Zu den bekannten gehören hier die Milben und die Läuse.

In so einem Fall sollte das Tier genau unter die Lupe genommen werden. Die Haut und das Fell müssen sorgfältig untersucht werden. Sollten sie den Grund für den Juckreiz entdeckt haben, bringen sie den Hamster zum Tierarzt. Der Tierarzt stellt die Art der Parasiten fest und gibt dem Tier ein geeignetes Mittel

dagegen. Relativ häufig sind Milben auf den Hamstern anzutreffen. Diese können jedoch leicht mit einem speziellen Spray bekämpft werden.

Läuse sind bei den Hamstern nicht so häufig anzutreffen. Sollte sich dennoch einmal ein Zwerghamster Läuse einfangen, gibt es gut wirksame Kontaktgifte um dieses Problem zu lösen. Wenn andere Haustiere im gleichen Haushalt leben, kann es passieren, dass sich mal ein Floh zu den Hamstern gesellt. Flöhe verlassen die Zwerghamster jedoch von selbst wieder und suchen sich einen Hund oder eine Katze.

Wichtig ist das Genaue beobachten der Hamster. Je früher ein Parasitenbefall festgestellt wird, desto besser kann den Nagern geholfen werden. Ein sehr starker Befall von z.B. Milben kann bei dem betroffenen Zwerghamster zu Blutarmut führen. Es gibt im Weiteren auch Parasiten, welche keinen Juckreiz verursachen, sondern zu einer Schuppenbildung auf der Hamsterhaut führen. Die Haut und das Fell von Hamstern sollten regelmäßig genau untersucht werden.

7.8   Der Hitzeschock

Abbildung 30 Thermometer

Bei einem Hitzeschock liegt der Zwerghamster regungslos auf dem Boden, ist schwach und reagiert kaum auf Berührungen. Auch eine rasche Atmung kann beobachtet werden. Sollte das Hamsterheim im Sommer direkter Sonneneinstrahlungen ausgesetzt sein, kann beim Hamster ein Hitzeschock auftreten. Gitterkäfige sind hier den Terrarien überlegen, in ihnen kann sich die Hitze nicht so gut stauen. Bringen sie das betroffene Tier sofort an einen kühlen Ort. Sobald sich der Zwerghamster erholt hat, muss er viel Flüssigkeit zu sich nehmen. Es ist besser, dem Tier nicht nur Wasser, sondern eine spezielle Elektrolytlösung anzubieten, denn das Tier hat auch viele Mineralstoffe verloren. Fragen sie ihren Tierarzt nach so einer Lösung. Sollte der Hamster auch in den nächsten Tagen nicht zu seiner alten Verfassung gefunden haben, ist ein Besuch beim Tierarzt angesagt.

7.9 Tumore, Geschwüre und Abszesse

Bei den Zwerghamstern können sowohl gutartige als auch bösartige Tumore vorkommen. Abszesse kommen auch häufig vor. In den meisten Fällen entdeckt man beim Hamster unter der Haut eine kugelige Veränderung. Ist das nun ein Tumor, ein Geschwür oder doch ein Abszess? Diese Frage wird ihnen der Tierarzt beantworten können. Ein Geschwür wird der Tierarzt versuchen zur Abheilung zu bringen.

Bei einem Tumor muss überlegt werden, ob er entfernt werden muss. Der Zwerghamster kann vielleicht sehr gut mit einem Tumor leben, ohne dass dieser sein Leben beeinträchtigen würde. Es muss sich jedoch nicht immer um einen Tumor handeln. Auch eine geschwollene Talgdrüse macht sich ähnlich bemerkbar. Geschwollene Talgdrüsen und Abszesse können sehr gut behandelt werden.

7.10 Diabetes

Der Zwerghamster kann auch an Diabetes erkranken. Sollte das Tier unnatürlich viel Urin absetzen, sollte dieser Idee nachgegangen werden. Auch eingetrübte Augen können ein Anzeichen für die Erkrankung sein. Bringen sie das Tier unbedingt zu einem Tierarzt.

7.11 Bisswunden

Sollte ein Zwerghamster Hautverletzungen haben, müssen diese versorgt und die Ursache gefunden werden. Bei Gruppen von

Hamstern oder bei einem Paar kommt es vor, dass diese sich nicht vertragen. Die Tiere können sich gegenseitig schwere Bisswunden zufügen. Campbell- und Dshungarische Zwerghamster beißen ihr gegenüber häufig in die Genitalregion und den Hinterleib. Auch die Nase und die Ohren werden gerne attackiert.

Man sollte versuchen die Bisswunden zu reinigen. Mit einem Wattestäbchen und Wasser wird die Wunde vorsichtig gesäubert. Anschließend wird die Wunde mit einem geeigneten Mittel desinfiziert. Jetzt sollte beobachtet werden, ob die Wunde abheilt. Sollte dies nicht der Fall sein, kontaktieren sie

ihren Tierarzt. Selbstverständlich muss das verletzte Tier von der Gruppe getrennt werden.

7.12 Verletzungen

Stürze, z.B. von einem Stuhl oder Tisch, können bei den Zwerghamstern zu schweren Verletzungen führen. Dabei kommt es häufig zu inneren Verletzungen und Knochenbrüche. Es muss schnellstmöglich ein Tierarzt aufgesucht werden.

7.13 Genetische Defekte

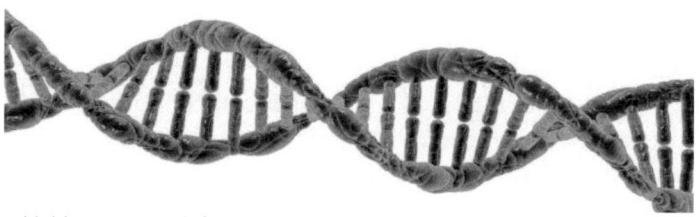

Abbildung 31 Gendefekt

Es gibt Zwerghamster, welche von Geburt an einen Defekt haben.
Zum Beispiel an den Augen oder fehlende Gliedmaßen. Der
Zwerghamster kommt meist auch gut zurecht, wenn er blind ist.
Blindheit ist niemals ein Grund für eine Euthanasie. Auch ein
Hamster der nur drei Beine hat, kann damit zurechtkommen. Je
nach Schwere der Behinderung sollte mit dem Tierarzt besprochen
werden, ob dem Hamster ein leidvolles Leben erspart werden sollte.
Selbstverständlich darf mit solchen Tieren nicht gezüchtet werden.

8 Zucht von Zwerghamstern

Abbildung 32 © laufer/fotolia.com

Wenn man sich dazu entscheidet, Zwerghamster zu züchten, sollte man im Vorfeld für genügend Unterbringungsmöglichkeiten sorgen. Im Weiteren gilt es sich umzuhören, wo die Nachzuchten abgegeben werden können. Nimmt mir die Zoohandlung in der Stadt die Tiere ab? Ober muss ich ev. In Fachzeitschriften inserieren?

Sobald man genügend Abnehmer für die Tiere gefunden hat, steht einer Hobbyzucht nichts mehr im Wege. Es ist äußerst wichtig, dass eine Zucht nur mit gesunden Tieren betrieben wird. Weiter sollte man sich ein wenig ausführlicher mit dem Thema Genetik auseinandersetzen, vor allem wenn man vorhat, Fell- und Farbvarianten zu züchten.

Sie haben sich entschlossen und möchten verschiedene Fell- und Farbvarianten züchten? Nun sollten sie sich zuerst mit den genetischen Grundlagen befassen. Vor allem mit der Genetik der Felltypen und Fellfarben. Das ist äußerst wichtig um sogenannte Qualzuchten zu vermeiden. Dieser Text sollte ihnen einen Einstieg in diese äußerst spannende Thematik vermitteln können. Es ist jedoch nicht möglich, alle genetischen Zusammenhänge in diesem Kontext zu klären. Es gelang den Züchtern erst vor Kurzem, unterschiedliche Fell- und Farbvarianten herauszuzüchten. In diesem Bereich wird es zukünftig noch viel Neues geben. Es ist daher wichtig, sich regelmäßig auf dem Laufenden zu halten. Das Internet ist hierfür bestens geeignet.

Sollten sie sich mit Fell- und Farbzuchten bei Hamstern bzw. Zwerghamstern beschäftigen, wird ihre Wahl wahrscheinlich auf die Phodopus-Arten fallen. Roborowski-Zwerghamster variieren bisher nur in der Helligkeit des Fells. Für ein Farbprojekt also ziemlich ungeeignet. Die Campbell-Zwerghamster und auch die Dshungarischen Zwerghamster sind mittlerweile in verschiedenen Fell- und Farbvarianten erhältlich. Speziell bei den Campbell-Zwerghamstern wurden in den letzten zwei Jahrzehnten viele Fell- und Farbtypen herausgezüchtet. Besonders die britischen und die amerikanischen Züchter sind hier aktiv.

8.1   Um was geht es?

Es ist mein Anliegen, mit diesem Text dem interessierten Leser die einfacheren Grundlagen der Genetik näher zu bringen. Die Genetik ist ein sehr komplexes Fach und noch längst nicht komplett entschlüsselt. Um Zwerghamster zu züchten, braucht man jedoch keinen Doktortitel in Genetik. Ein wenig Grundwissen sollte bereits ausreichen.

8.2 Die Farbe des Fells

Campbell-Zwerghamster sind bereits in vielen verschiedenen Farben erhältlich. Doch was ist denn Fellfarbe überhaupt? Bei allen Säugetieren ist das Melanin das zuständige Pigment für Haut-, Haar- und Augenfarbe. Dieses Melanin kommt in zwei Formen vor. Zum einen dem Eumelanin und zum anderen dem Phaeomelanin. Beide Melanin-Formen werden aus der Aminosäure Tyrosin gebildet. Und zwar in den Melanozyten, das sind Zellen mit Melanin. Diese Melanozyten befinden sich bei den Säugetieren bei den Haarfollikeln. Das Melanin ist also ein vom Körper produziertes Pigment. Das Phaeomelanin ist für braune und gelbliche bzw. rötliche Haare verantwortlich. Es ist ein rundliches Pigment. Das Eumelanin ist hingegen stäbchenförmig und ist für dunkelbraune bis schwarze Haare verantwortlich. Die endgültige Haarfarbe bestimmt die Mischung aus diesen beiden Melanintypen. So haben beispielsweise blonde Menschen viel Phaeomelanin, aber nur wenig Eumelanin. Menschen mit roten Haaren haben sehr viel Phaeomelanin aber nur geringfügig Eumelanin. Und dunkelhaarige Menschen haben sehr viel Eumelanin, aber nur wenig Phaeomelanin. Die unterschiedlichen Schattierungen des Haars kommen also daher, dass sich der Melaninhaushalt zwischen diesen Zuständen befindet. Und das Ganze kann auch auf die Fellfarbe von Zwerghamstern übertragen werden. Es ist genetisch festgelegt, wie viel Phaeomelanin oder Eumelanin ein Zwerghamster hat. Die zwei Melanin-Formen können durch die gezielte Zucht gesteuert werden.

Die Zwerghamster haben auch verschiedene Augenfarben. Alle Wildtypen haben schwarze Augen. Daneben gibt es noch zwei verschiedene Rottöne. Ein helles und ein dunkleres Rot. Weiter tragen einige Zwerghamster ein letales Schecken-Gen in sich, welches den schwarzen Augen einen rötlichen Schimmer verleiht.

Ein Zwerghamster ist jedoch noch lange kein Albino, auch wenn er rote Augen hat. Ein richtiger Albino besitzt keinerlei Farbpigmente in Iris, Haaren und Haut. Ein solcher Hamster hat ein reinweißes Fell, fleischfarbene Ohren sowie Pfoten und rote Augen. Ein Albino ist immer sehr empfindlich gegen Licht. Das Melanin ist nicht nur für den UV-Schutz und die Färbung von Auge, Fell und Haut zuständig, sondern hat auch einen großen Einfluss auf die Gehirnstruktur. Aus diesem Grund sehen und hören Albinos häufig sehr schlecht.

8.3   Das Gen

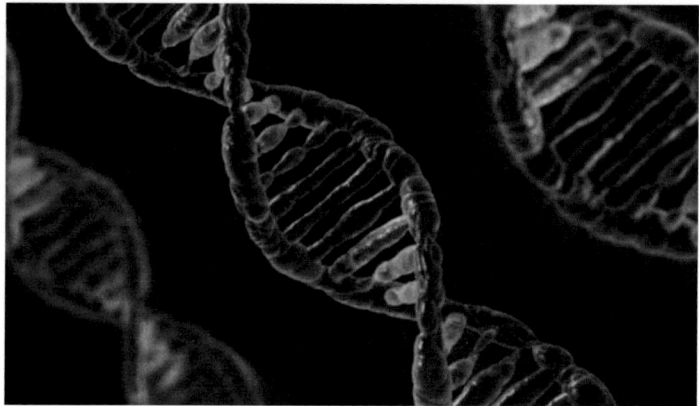

Abbildung 33 Gen

Betrachten sie einmal ein Hamsterbaby. Sie sehen das Resultat einer sehr besonderen, eher zufälligen Mischung. Das Hamsterbaby hat die eine Hälfte seines Erbmaterials vom Vater, die andere von der Mutter. Für alle Merkmale existieren immer zwei Gene. Eines vom Vater, eines von der Mutter. Doch wo finden wir dieses Gen? Und was ist ein Gen überhaupt?

Als Gen bezeichnen wir einen bestimmten Abschnitt auf einem Chromosom. Ist ein bestimmtes Merkmal ausgeprägt, ist eben dieser Abschnitt dafür verantwortlich. Von den Genen können unterschiedliche Zustandsformen, Allele genannt, auftreten. Das sind dann durch Mutationen entstandene Varianten des Gens.

Die Chromosomen können als Träger der genetischen Information angesehen werden, auf ihnen sind die Gene lokalisiert. Jedes einzelne Gen hat hier seinen festen Platz. Chromosomen können als fädige Strukturen beschrieben werden, sie sind nur bei hoher Vergrößerung und nur während der Zellteilung sichtbar. Ansonsten „verstecken" sie sich im Zellkern. Chromosomen liegen immer als Paare vor. Jede Art hat eine bestimmte Anzahl von Chromosomenpaare. Der Mensch hat zum Beispiel 23 und der Campbell-Zwerghamster 28 Chromosomenpaare. Während der Reifeteilung, Meiose genannt, teilen sich die Chromosomenpaare in zwei einzelne Chromosomen auf. Während der Befruchtung bildet das eine Chromosom, mit dem entsprechend anderen Chromosom, ein neues Chromosomenpaar. Das neugeborene Hamsterbaby ist hiermit eine Mischung aus väterlichem und mütterlichem Erbmaterial.

8.4 Von den Bohnen und den Zwerghamstern

Die Vererbung von äußeren Merkmalen folgt bestimmten Regeln. Der Mönch Gregor Johann Mendel veröffentlichte bereits im Jahr 1865 die ersten statistischen Regeln zur Vererbung. Damals hatte Mendel seine Experimente mit Erbsenpflanzen durchgeführt, sie lassen sich aber problemlos auf Säugetiere wie die Zwerghamster übertragen. Zunächst ist es wichtig zu wissen, dass es dominante, rezessive und intermediäre Gene gibt, welche vererbt werden können. Ein dominantes Gen setzt sich, wie der Name schon verrät, gegenüber einem rezessiven Gen durch. Wenn nun auf einem Chromosomenpaar ein dominantes Gen zu einem bestimmten

Merkmal liegt, so unterdrückt es das rezessive Gen. Wenn rezessive und dominante Gene eines bestimmten Merkmals zusammen auf einem Chromosomenpaar liegen, so ist das Tier für dieses Merkmal heterozygot, das heißt mischerbig. Demnach müssen die rezessiven Gene doppelt vorliegen, damit es sich auf ein bestimmtes Merkmal des Zwerghamsters auswirkt. Das Tier wäre hier homozygot, also reinerbig.

Wir unterscheiden also zwischen Genotyp und Phänotyp. Was einem Zwerghamster rein äußerlich angesehen werden kann, z.b. die Fellfarbe, beschreibt der Phänotyp. Über die Erbanlagen, welche ein Hamster in sich trägt, gibt der Genotyp Auskunft. So kann der weiße Zwerghamster gleichzeitig Träger von einer anderen Fellfarbe sein, sollte er heterozygot sein. Zeigt der Nachwuchs eine Mischung der beiden Elterntiere, war ein intermediärer Erbgang am Werk. Es gibt aber auch fließende Übergänge zwischen einem intermediären und einem rezessiv-dominanten Erbgang. Eine Trennung dieser Erbgänge ist also nicht immer einfach.

In der Praxis wird die Elterngeneration als parental „P" bezeichnet und die erste Nachkommengeneration als Filialgeneration „F"

Für eine Zwerghamster-Hobbyzucht sind vor allem die zwei ersten mendelschen Regeln von Bedeutung.

8.5   Die Uniformitätsregel

Wenn zwei Individuen einer Art, die sich in einem bestimmten Merkmal unterscheiden, für das sie reinerbig sind, gekreuzt werden, dann sind die Nachkommen der F1-Generation in diesem bestimmten Merkmal gleich.

8.6 Die Spaltungsregel

Wenn jetzt die Mischlinge der F1 Generation untereinander gekreuzt werden, dann spaltet sich das bestimmte Merkmal in der nächsten, der F2-Generation, im Verhältnis 1:2:1 oder 3:1 wieder auf.

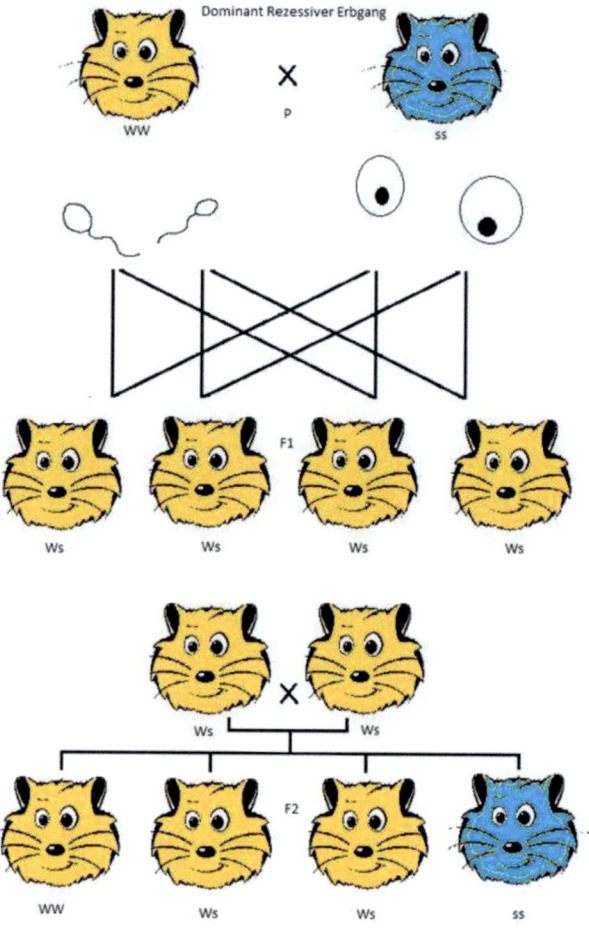

Dominant Rezessiver Erbgang

W = wildfarben
s = saphir
P = Parental-Generation (Elterngeneration)
F = Filial-Generation (Tochtergeneration)

F1-Generation: alle Phänotypen zeigen die Wildfärbung
F2-Generation: Phänotyp-Verhältnis 3:1
         3 Phänotypen zeigen die Wildfärbung
         1 Phänotyp zeigt die Saphirfärbung

8.7 Die Fellfarben des Dshungarischen Zwerghamsters

Bislang gibt es des den Dshungarischen Zwerghamster nur in vier verschiedenen Fellfarben. Saphir gehört als einzige zu der sicher rezessiv vererbte Fellfarbe. Das Winterweiß und die Wildfarbe werden dominant vererbt. Es ist noch nicht abschließend geklärt, wie das Perlmutt vererbt wird. Vielfach wird die Wildfarbe auch als „Agouti" bezeichnet. Diese Bezeichnung kommt daher, dass die einzelnen Haare sowohl hell als auch dunkel sind.

8.7.1 Die Wildfarbe

Die Dshungarischen Zwerghamster gibt es noch am häufigsten in ihrer ursprünglichen Färbung. Der wildfarbene Hamster ist gräulich braun mit einem schwarzen Aalstrich, dunklen Ohren und schwarzen Augen. An den Seiten des Körpers ist deutlich eine Dreibogenlinie auszumachen. Diese Bogenlinie trennt die helle Bauchfärbung vom dunkel gefärbten Rücken. Der Schwanz und die Pfoten der Tiere sind weiß.

8.7.2 Winterweiß

Bei den Dshungarischen Zwerghamstern gibt es zwei verschiedene Formen von Winterweiß. Es gibt Hamster, welche von Geburt an die helle Farbe des Dshungarischen Winterfells haben. Und es gibt Tiere, welche ihr wildfarbenes Fell im Winter zum weißen Winterfell wechseln. Der Auslöser des Fellwechsels ist vor allem die Umstellung von der Sommerzeit auf die Winterzeit. Die Temperatur spielt dabei keine Rolle, nur die Lichtdauer. Es gibt auch Tiere, welche sich nur unvollständig umfärben. Da sich nicht alle Tiere im Winter umfärben, kann eine genetische Veranlagung dafür nicht ausgeschlossen werden. Junge Tiere färben sich grundsätzlich eher um als ältere Tiere. Auch die Zwerghamster, welche von Geburt an weiß sind, haben eine Dreibogenlinie und einen Aalstrich. Sie sind beide hell- bis dunkelgrau. Der Rücken der Tiere ist gräulich weiß, der Bauch weiß. Auch der Schwanz und die Pfoten sind weiß. Die Tiere haben graue Ohren und schwarze Augen. Winterweiße Tiere können in ihrer Helligkeit stark variieren.

8.7.3 Saphir

Im Jahr 1988 wurde der erste saphirfarbene Dshungarische Zwerghamster in England gezüchtet. Diese Fellfarbe wurde mit der Zeit immer beliebter. Das Fell der Zwerghamster ist bläulich grau. Der Aalstrich ist nicht so stark, wie er bei den Wildfarbenen ist. Obwohl heller, ist die Dreibogenlinie deutlich zu erkennen. Die Augen sind schwarz, die Ohren dunkelgrau. Im Winter können auch diese Tiere wesentlich heller werden. Das Saphir wird rezessiv vererbt. Bei uns wird die Farbe häufig auch blau genannt.

8.7.4 Perlmutt

Diese Dshungarischen Zwerghamster haben ein fast reinweißes Fell und traten im Jahr 1989 erstmals in England auf. Die dunklen Zeichnungen des wildfarbenen Hamsters sind kaum noch zu erkennen. Bei einem richtigen Perlmutt-Hamster ist der Aalstrich nicht auszumachen. Die Hamster haben jedoch eine dunkle

Unterwolle. Dadurch erhält das Fell eine gleichmäßige graue Schattierung. Die Augen dieser Tiere sind ebenfalls schwarz, die Ohren

sind hellgrau. Es kann angenommen werden, dass perlmuttfarbene Männchen eine größere Tendenz zur Unfruchtbarkeit zeigen als andersfarbige Tiere. Es wird angenommen, dass Perlmutt dominant vererbt wird. Die genaue Vererbung ist jedoch noch nicht geklärt.

8.8 Der Campbell-Zwerghamster

Mittlerweile gibt es viele verschiedene Farbvariantes des Campbell-Zwerghamsters. Aber nicht nur unterschiedliche Fellfarbe, sondern auch verschiedene Fellformen und Zeichnungen sind erhältlich. Aus diesem Grund ist der Campbell-Zwerghamster bei Züchtern äußerst beliebt.

8.8.1 Die Wildfarbe

Ein wildfarbener Campbell-Zwerghamster kann auf den ersten Blick schnell mit einem Dshungarischen Zwerghamster verwechselt werden. Es gibt jedoch einige Unterscheidungsmerkmale: 1. Campbell-Zwerghamster haben ein gelblicheres Fell als ihr Dshungarischen Verwandten. 2. Bei den Campbell-Zwerghamstern ist die Dreibogenlinie zum Bauch gelblich abgesetzt. Und 3. Bei den Dshungarischen Zwerghamstern trennt die Bogenlinie Rücken- und Bauchfell farblich stark.

Der Campbell-Zwerghamster, in seiner wildfarbenen Form, hat dunkle Ohren, schwarze Augen und weiße Pfoten und einen weißen

Schwanz. Das braun-gelbe Rückenfell hat einen dunkelbraunen Aalstrich. An den Seiten seines Körpers trennt auch beim Campbell-Zwerghamster eine Dreibogenlinie die Ober- von der Unterseite. Jedoch nicht ganz so deutlich wie beim Dshungarischen Bruder. Die Campbell-Zwerghamster haben an der Bogenlinie schmale Zone mit gelblichem Fell. Der Bauch der Tiere ist hell gefärbt.

8.8.2 Die Farbvarianten

Die Campbell-Zwerghamster bilden verschiedene Typen von Fellfarben aus. Dabei gibt es solche, welche schon beim Vorhandensein eines einzelnen Gens zustande kommen und welche die aus mehreren Grundfarben, mit entsprechenden Genen, zusammengesetzt sind. Im Weiteren gibt es noch Gene für die Fellstruktur und die Zeichnung sowie für den Fellwechsel. So können wir die Gene also in vier Gruppen einteilen: Farbgene, Muster-Gene, Fellstruktur-Gene und die Farbveränderungs-Gene.

Es gibt auch wildfarbene Campbell-Zwerghamster mit reinweißem Bauch. Die genetische Abkürzung für die Weissbäuchigkeit ist „Wh". Sollte das entsprechende Gen homozygot auftreten, ist dieses letal. Solchen Tieren fehlen die Augen. Für die Farbe des Fells sind mehrere Gene zuständig.

8.8.2.1   Opal

Diese Zwerghamster sehen den wildfarbenen Tieren zum Verwechseln ähnlich. Die dunkleren Farbtöne sind jedoch eher blass und zeigen sich eher wie ein gräulicher Schimmer. Die Augen der

Zwerghamster sind schwarz, ihre Tasthaare gebogen. In der englischen Sprache wird diese Fellfarbe „Opal" genannt, in Deutschland wird auch von „Blau" gesprochen. Die Opalfarbe vererbt sich rezessiv. Das Gen wird als „dd" bezeichnet.

8.8.2.2   Argente

Diese Farbvariante kommt aus Finnland und ist sehr beliebt. Es wird auch von „Blond", „Zimt" oder von „Beige" gesprochen. Das Fell der Zwerghamster ist beigegelb mit einem rötlichen Schimmer. Der Schwanz, die Pfoten und die Ohren der Tiere sind hell. Der Aalstrich ist hellbraun. Am Bauchfell sind die Zwerghamster weiß. Es gibt zwei unterschiedliche Gene für diese Fellfarbe, nämlich „bb" und „pp". Beide Gene werden rezessiv weitergegeben. Tiere mit dem „pp"-Gen haben dunkelrote Augen, solche mit dem „bb"-Gen haben schwarze Augen. Bis auf die Augenfarbe sehen beide Typen gleich aus. Die Farbe des Fells kann in ihrer Helligkeit variieren.

8.8.2.3   Schwarz

Diese Tiere haben, wie könnte es anders sein, ein schwarzes oder sehr dunkelgraues Fell. Die Zwerghamster haben einen tiefschwarzen Aalstrich. Eine Dreibogenlinie ist nicht auszumachen, der Bauch der Tiere ist ebenfalls dunkel gefärbt. Die Pfoten sind weiß, die Ohren sind hell und der Schwanz ist schwarz. Schwarze Campbell-Zwerghamster haben einen weißen Latz. Dieser Latz beginnt an der Schnauze und setzt sich v-förmig bis auf die Achselhöhe fort. Wenn ein schwarzer Zwerghamster älter wird, beginnt sich sein Fell langsam aufzuhellen. Es wird gräulicher bzw.

silberner. Ist der Silberrücken stark ausgeprägt, kann man auch die Dreibogenlinie wieder erkennen. Der Bauch bleibt jedoch immer dunkler als der Rücken. Es gibt Tiere, welche sich spät beginnen aufzuhellen, andere wiederum bleiben ihr Leben lang tiefschwarz. Aus diesem Grund ist anzunehmen, dass es ein Gen gibt, das für die Aufhellung des Rückenfells verantwortlich ist. Diese Fellvariante wird rezessiv vererbt, das genetische Zeichen: „aa"

8.8.2.4   Albino

Albinotische Campbell-Zwerghamster sind eher selten. Albinos zeigen keinerlei Farbe, denn ihnen fehlen die Pigmente komplett. Ihr Fell ist am ganzen Körper weiß, ihre Augen sind rot, ihre Ohren sind hell. Das Albino-Gen „cc" wird rezessiv weitergegeben, maskiert aber andere Farben. Das bedeutet, dass wenn ein Zwerghamster zwei Schwarz-Gene und zwei Albino-Gene hat, wird es trotzdem ein Albino.

8.8.2.5   Blau

Blau ist eine Zwei-Gen-Farbe. Die Farbe setzt sich aus Schwarz und Opal zusammen. Somit lautet das genetische Zeichen „aadd". Blau wird auch rezessiv vererbt. Blaue Campbell-Zwerghamster weisen nicht die gleiche Zeichnung auf wie die wildfarbenen Tiere. Die bläulich-graue Farbe bedeckt ihren ganzen Körper. Die Tiere haben einen dunkelgrauen Aalstrich und schwarze Augen. Die Tiere verfügen weiter über einen weißen Latz unter ihrem Kinn und haben auch weiße Ohren und Pfoten. Die Tiere werden mit zunehmendem Alter heller.

8.8.2.6   Taube

Diese Campbell-Zwerghamster haben ein graublau bis braunes Fell mit einem Rosé-Touch. Das Fell der Tiere, auch der Bauch, ist durchgehend in einer Farbe. Ihre Augen sind rot. Diese Fellvariante ist eine Mischung aus Schwarz und Argente. Der Erbgang verläuft rezessiv, die genetische Abkürzung ist „aapp". Die Tiere können, wie die schwarzen Tiere, mit der Zeit aufhellen.

8.8.2.7   Beige

Werden beide Argente-Gene miteinander kombiniert, ist Beige das Resultat. Das Fell der Zwerghamster ist hellbeige bis dunkelgelb. Die Dreibogenlinie trennt den Bauch von der Rückenseite. Der Aalstrich dieser Tiere ist rötlich, die Ohren, die Pfoten und der Bauch sind hell. Das genetische Zeichen ist „bbpp", die Augen der Tiere sind rubinrot.

8.8.2.8   Schokolade

Diese Campbell-Zwerghamster sehen den Tieren mit der Farbe Taube sehr ähnlich. Sie haben ein dunkelbraunes Fell und einen schwarzen Aalstrich. Die Tiere weisen keine Dreibogenlinie auf und haben schwarze Augen. Sie haben einen weißen Latz und weiße Pfoten. Das genetische Zeichen für diese Fellfarbe ist „aabb". Es ist eine Kombination aus Schwarz und einem Argente-Gen (dem für Tiere mit schwarzen Augen).

8.8.2.9   Lilac

Diese Fellfarbe ist weit verbreitet und auch sehr beliebt. Die Zwerghamster haben ein gräulich blaues Fell, helle Pfoten und Ohren und ebenfalls einen weißen Latz. Auch der Bauch der Tiere ist lilacfarben. Die Helligkeit des Fells kann variieren. Die Farbe ist eine Drei-Gen-Farbe und wird rezessiv vererbt. Häufig wird diese Fellfarbe auch als Blau Argente bezeichnet. Es gibt, wie bei Argente auch, sowohl rot- als auch schwarzäugige Tiere. Haben die Tiere rote Augen, so tragen sie das Gen RE-Lilac (RE steht für red eyes). Die genetische Abkürzung heisst hier „aaddpp". Es ist also eine Mischung aus Opal, Schwarz und Argente (rotäugig). Sollten jetzt Opal, Schwarz und Argente (schwarzäugig) kombiniert werden, so haben auch diese Tiere schwarze Augen. Dies sind dann BE-Lilac-Zwerghamster (BE steht für black eyes). Auch die Lilacfarbenen Hamster hellen mit dem Alter zusehends auf.

8.8.2.10   Blaubeige

Diese Zwerghamster sehen ähnlich aus wie die beigen Tiere. Ihr Fell ist jedoch ein Stich bläulicher. Die Augen der Tiere sind rot, der Erbgang verläuft rezessiv, das genetische Zeichen ist hier „bbddpp". Blaubeige ist auch eine Drei-Gen-Farbe. Es ist eine Kombination aus Opal mit beiden Argente-Genen.

8.8.2.11   Dunkelbeige

Dunkelbeige Zwerghamster haben eine durchgängige goldene Fellfarbe und rote Augen. Sie haben keine Dreibogenlinie, welche

Bauch und Rücken trennt. Die Pfoten und die Ohren der Tiere sind hell. Auch Dunkelbeige ist eine Drei-Gen-Farbe, zusammengesetzt aus Schwarz und beiden Argente-Genen. Das Zeichen für diese Fellvariante ist „aabbpp".

8.8.2.12 Champagner

Champagner ist eine Vier-Gen-Farbe und bislang auch die Einzige. Hierbei handelt es sich um eine Kombination aus Schwarz, Opal und beiden Argente-Genen. Das genetische Zeichen für Champagner ist „aabbddpp". Die Farbe des Fells dieser Champbell-Zwerghamster ist sehr hell und gelbgrau. Der Bauch der Tiere ist auch gelbgrau, die Augen sind rot.

Im Weiteren wird das Aussehen des Hamsterfells durch verschiedene Zeichnungs-Gene beeinflusst:

8.8.2.13 Gescheckt

Der erste gescheckte Campbell-Zwerghamster wurde im Jahr 1990 in England gezüchtet. Für das Fleckenmuster bei den Tieren existieren zwei unterschiedliche Gene. Zum einen gibt es das MO-Gen (das sogenannte „non lethal mottled gen"), zum anderen gibt es das MI-Gen (das „lethal mottled gen). Beide Schecken-Gene werden dominant vererbt. Ein Hamster, der das MI-Gen in sich trägt, erkennt man daran, dass seine Augen rötlich leuchten (obwohl sie schwarz sind) wenn wir sie im Dunkeln mit Licht anstrahlen. Sollte das Tier bereits rote Augen haben und das MI-Gen in sich tragen, so hat es wesentlich hellere Augen.

Das Gen MI trägt einen Letalfaktor. Das heißt, es wird ein Defekt mitvererbt, sollte das Gen homozygot auftreten. Sollten jetzt beispielsweise zwei Tiere verpaart werden, welche beide das MI-Gen haben, so werden 25% des Nachwuchses nicht dauerhaft lebensfähig sein. Diese 25% homozygoten Nachwuchses sind zahnlos, haben keine Augen, sind sehr klein und schneeweiß und sterben meistens in den ersten Lebenstagen oder Wochen. Es überleben nur sehr wenige Tiere, welche dann aber steril sind.

Theoretisch ist eine Kombination der „Fleckengene" mit allen Farbgenen möglich. Sie können also beispielsweise schwarz/weiß gescheckte oder auch weiß/lilac gescheckte Zwerghamster züchten. In den meisten Fällen ist der Aalstrich noch in Fragmenten vorhanden. Wie groß oder klein die einzelnen Flecken ausfallen, ist von Individuum zu Individuum unterschiedlich. Sie werden also nie zwei identisch gescheckte Tiere zu Gesicht bekommen. Oft haben die

Zwerghamster einen großen Fleck am Kopf. Dieser Fleck reicht bis etwa auf die Höhe der Ohren. Vielfach zeigen die Zwerghamster auch einen weißen Kragen um den Hals.

8.8.2.14   Platin

Das Platin-Gen ist ein dominant vererbbares Gen mit der Bezeichnung „Si". Auch das Platin-Gen trägt einen Letalfaktor. Wenn es homozygot auftritt, dann sterben die betroffenen Tiere meistens bereits im Mutterleib ab. Die abgestorbenen Föten können im Mutterleib resorbiert werden, das Muttertier nimmt keinen Schaden. Hin und wieder kommt es trotzdem vor, dass homozygote Jungtiere zur Welt kommen. Diese Tiere sind dann ca. 25% kleiner als der Rest des Wurfs, ihr überleben ist fraglich.

Das Platin kann mit allen Fellformen und Fellfarben kombiniert werden. Das Platin ist in seiner Ausprägung sehr unterschiedlich. Es ruft eine weiße Melierung der Fellfarbe hervor. Wildfarbe und Platin ergeben schwarze Augen, Argente und Platin ergeben rote Augen.

8.9 Fellstruktur-Gene:

8.9.1 Satin

Im Jahr 1981 kam in England ein Zwerghamster mit einem seltsam glänzenden Fell zur Welt. Die Haare dieses Tiers dünner und länger als gewöhnlich und glänzten seiden. In der heutigen Zeit ist diese Mutation weit verbreitet. Sie wird Satin genannt, trägt das genetische Zeichen „sasa" und wird rezessiv weitergegeben. Das Gen lässt sich mit fast allen Farbgenen kombinieren. Sogar eine Kombination mit dem Scheken-Gen ist möglich.

8.9.2 Farbveränderungsgene

Die Gene für die Farbveränderung sin dafür verantwortlich, dass die Fellfarbe entweder dunkler (umbrous) oder heller (diluting) zum Vorschein kommt. Diese Gene werden rezessiv weitergegeben. Das genetische Zeichen für umbrous ist „uu", bei diluting ist es „didi".

8.9.3 Weitere Varianten

Die oben aufgeführten Fellformen und Fellfarben für den Campbell-Zwerghamster sind noch nicht komplett. In regelmäßigen Abständen gibt es Berichte über neue Fell- und Farbmutationen. Eine solche Auflistung kann also nie als abgeschlossen gelten.

Wie sie bei den Beschreibungen von Muster und Farben sehen können, gibt es ein paar Gene, welche wegen ihres Letalfaktors nicht im homozygoten Zustand auftreten dürfen. Bei jeder Kreuzung von Campbell-Zwerghamstern sollte dieser Aspekt beachtet werden. Sollten sie ein paar Regeln einhalten können und über genügend Platz verfügen, kann das Züchten von Campbell-Zwerghamstern ein äußerst interessantes und lehrreiches Hobby sein.

8.10 Die Inzucht

Man kann nicht eindeutig beantworten, ob die Inzucht schädlich ist oder nicht. Wir können viele Populationen in der Natur beobachten, welche sich durch die Inzucht erhalten. Es gibt in der Natur aber auch die raffiniertesten Strategien um die Inzucht zu vermeiden. Daher gilt: Sollte die Inzucht vermeidbar sein, sollte sie auch vermieden werden.

Denn durch die Inzucht können sich auch Defekte, wie zum Beispiel Diabetes, festigen und unbemerkt weiter verbreiten. Im Weiteren kann es durch Inzucht dazu kommen, dass die Jungen kleiner sind oder schlechter wachsen. Ober sie sind anfälliger für Infektionen aller Art. Ganz besonders dem Einsteiger sei ans Herz gelegt, die Tiere sehr gut zu beobachten. Auf jede nachteilige Auffälligkeit muss sofort reagiert werden. Es ist nicht angebracht mit geschwächten, kranken oder behinderten Tieren zu züchten. Entsprechende Jungtiere gehören aussortiert.

Vor allem in der Farbzucht gibt es aber Situationen, in denen die Inzucht das einzig zur Verfügung stehende Mittel ist, um eine Farbe zu festigen. Stellen sie sich einmal die folgende Situation vor: Sie haben ein einziges Tier mit einer besonderen Farbe und finden einfach kein zweites Tier mit derselben Farbe. Um nun diese Farbe zu erhalten und auf mehrere Tiere zu „verteilen" bleibt ihnen nur die Inzucht. Dafür gibt es einen speziellen Begriff: Die Rückkreuzung.

8.11   Die Rückkreuzung

Durch eine Rückkreuzung kann ein bestimmtes Merkmal in einem Bestand gefestigt werden. Stellen wir uns einmal vor: Wir haben nur ein einziges argentfarbenes Zwerghamster-Weibchen in unserem Bestand. Dieses Weibchen kreuzen wir nun mit einem wildfarbenen Männchen. Wenn beide Elterntiere homozygot (reinerbig) sind, wird der Nachwuchs heterozygot (mischerbig) werden. Nun sehen alle Jungtiere aus wie das Vatertier (weil die Wildfarbe dominant vererbt wird), tragen aber das Argente-Gen in sich. Und da jetzt Argente einem rezessiven Erbgang folgt, sehen wir es im heterozygoten Zustand nicht im Phänotyp. Wir wollen aber eine möglichst große Anzahl argentfarbene Nachkommen. Dazu müssen wir einen Sohn der Tochtergeneration mit der Mutter verpaaren. Theoretisch sind die Nachkommen dieser Anpaarung zu 50% heterozygot wildfarben und zu 50% argentfarben. Theoretisch können wir auch die Geschwister der Tochtergeneration untereinander verpaaren. Eine solche Verpaarung hätte jedoch ein paar Nachteile, dass sich (nach der Mendelschen Spaltungsregel) die Gene aufteilen. Zum einen haben wir diesmal nur 25%

argentfarbene Tiere, zum andern befinden sich unter den restlichen
75% wildfarbenen Tieren zwei unterschiedliche Genotypen. Wir
könnten den Tieren aber nicht ansehen, um welchen Genotyp es
sich handelt. Und uns als Züchter ist es wichtig zu wissen, was für
Gene in einem Tier stecken. Sollten sie die Inzucht nur sparsam
anwenden, um mit ihrer Farbzucht weiterzukommen, ist dagegen
wenig einzuwenden.

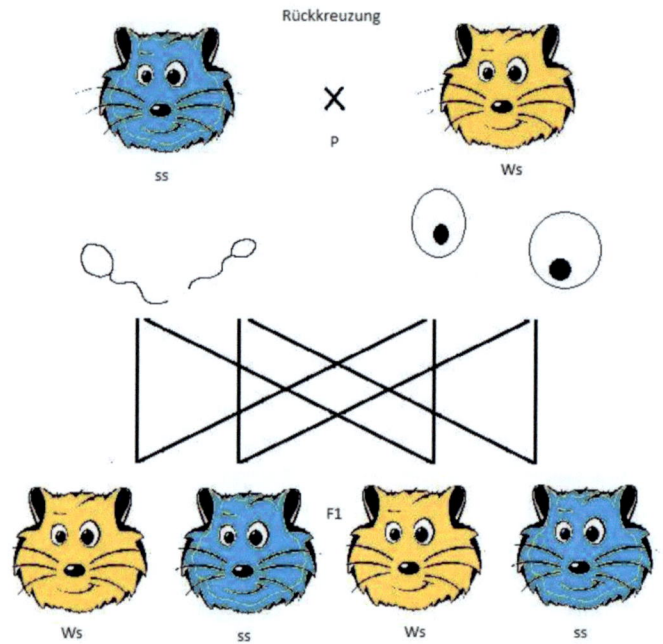

W = wildfarben
s = saphir
P = Parental-Generation (Elterngeneration)
F = Filial-Generation (Tochtergeneration)

Bei der Rückkreuzung zeigen die Individuen
ein Phänotyp-Verhältnis von 1:1
2 Phänotypen zeigen die Wildfärbung
2 Phänotypen zeigen die Saphirfärbung

Abbildung 34 Erbgang2

8.12 Die Geschlechtsbestimmung

Selbstverständlich ist es wichtig die Geschlechter der Tiere bestimmen zu können, wenn man Zwerghamster züchten möchte. Mit ein wenig Übung ist die Geschlechterbestimmung bei Zwerghamstern relativ einfach. Bei den Zwerghamstern gibt es keine auffälligen Geschlechtsdimorphismen. Das bedeutet, dass sich die Tiere rein optisch kaum voneinander unterscheiden. Um das Geschlecht eines Hamsters zu bestimmen, nehmen sie ihn in eine Hand und drehen in um. Und zwar so, dass sie seine Genitalregion begutachten können. Bei den Zwerghamstern ist der Abstand zwischen Anus und Geschlechtsöffnung bei den weiblichen Tieren kleiner als bei den männlichen. Im weiteren sind Zwerghamster-Männchen etwas größer als die Weibchen.

8.13 Wichtige Daten

Für eine Zucht von Zwerghamstern dürfen nur gesunde Tiere verwendet werden. Das weibliche Tier sollte auch nicht zu jung sein, sonst könnte es bei der Geburt Probleme geben, oder der ganze Wurf stirbt, da das Tier nicht in der Lage ist, seinen Nachwuchs zu versorgen. Manchmal kommt es auch vor, dass das Weibchen seinen ersten Wurf auffrisst. Die Dshungarischen Zwerghamster werden etwa mit 5 Wochen geschlechtsreif. Bei den Campbell-Zwerghamstern dauert es bis zur Geschlechtsreife ca. 6 Wochen. Die Hamster sollten jedoch mindestens 3 Monate alt sein, wenn sie zur Zucht verwendet werden. Mit Roborowski-Zwerghamstern sollte man erst ab einem Alter von etwa 8 Monaten züchten.

8.14 Die Paarung und die Trächtigkeit

In menschlicher Pflege paaren sich Dshungarische Zwerghamster und Roborowski-Zwerghamster während des ganzen Jahres. Man kann jedoch feststellen, dass im Winter weniger Geburten stattfinden als im Sommer. Längere Lichtphasen stimulieren die Gonadenfunktion. Um die Tiere zu verpaaren, ist keine große Überredungskunst notwendig. Lediglich die Roborowski-Zwerghamster sind bei ihrer Partnerwahl durchaus wählerisch. Es gibt jedoch auch harmonisch Zusammenlebende Roborowski-Pärchen, welche

sich über mehrere Jahre nicht fortpflanzen. Campbell-Zwerghamster bilden innerhalb einer Gruppe feste Paare und pflanzen sich auch gut fort, bei den Dshungarischen Zwerghamstern ist dies sehr schwierig. Diese Tiere hält man für eine Zucht besser paarweise.

Wenn man Tiere aus verschiedenen Gruppen miteinander verpaaren möchte, sollten sie in einem geruchsneutralen Käfig zusammengeführt und erst mal beobachtet werden. Nun gilt es abzuwarten, ob sich die Tiere vertragen. Sollten sich die Tiere bekämpfen, müssen sie wieder getrennt werden. Für diese suchen wir dann andere Partner. Wenn sich das Paar verträgt, lassen wir sie zusammen und beobachten, ob es zur Paarung kommt. Dies kann bis zu mehrere Tage dauern. Die weiblichen Tiere zeigen sich etwa alle vier Tage paarungsbereit. Das Campbell-Zwerghamster-Männchen hilft bei der Aufzucht der Jungen mit, es kann beim Weibchen verbleiben.

Ein Weibchen zeigt seine Paarungsbereitschaft, indem es während des Laufens immer wieder innehält und das Schwänzchen hebt. Der männliche Zwerghamster reagiert darauf und begattet das Weibchen. Bis das Weibchen trächtig wird, kann der Akt mehrmals wiederholt werden. Die Trächtigkeit erkennen wir sehr gut am größer werdenden Leibesumfang des Weibchens. Weibliche

Zwerghamster sind auch gerne etwas aggressiver, wenn sie trächtig sind. Von Art zu Art ist die Tragzeit etwas unterschiedlich lang.

Bei den Campbell-Zwerghamstern und den Dshungarischen Zwerghamstern gibt es einen sogenannten Post-partum-Oestrus. Das bedeutet, dass das Zwerghamster-Weibchen am Tag der Geburt erneut trächtig werden kann. Der nun folgende Nachwuchs kommt ca. 18 Tage später zur Welt. Wir sollten dies beachten, wenn wir keinen weiteren Wurf möchten.

Bei einer Zwerghamster-Zucht ist unbedingt auf eine ausgewogene Ernährung des Weibchens zu achten. Sollte das Muttertier an einer Mangelernährung leiden, werden auch die Jungtiere Schaden davon tragen. So kann zum Beispiel bei Neugeborenen SHN (Spontaneous Hemorrhagic Necrosis) durch den Vitamin-E-Defizit der Mutter verursacht werden. Dabei wird die Hirnentwicklung von ungeborenen und neugeborenen Hamsterbabys schwer beeinträchtigt und es kann dann zu irreparablen Schäden kommen. Dies hat häufig den Tod des Neugeborenen zur Folge. Vitamin E ist in besonderem Maße in Getreidekörnern und in der Muttermilch vorhanden.

8.15 Die Geburt

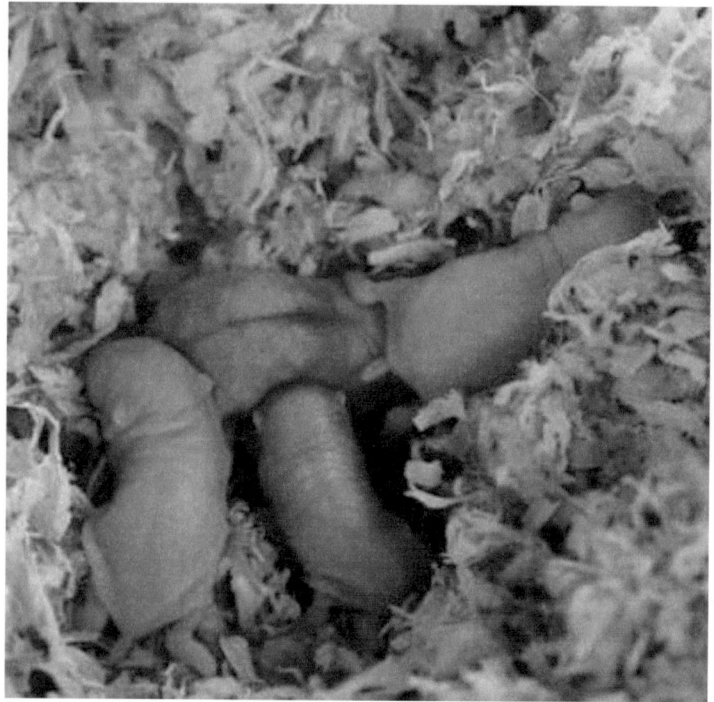

Abbildung 35 © meerisusi/fotolia.com

Die werdende Mutter beginnt kurz vor der eigentlichen Geburt, emsig Nistmaterial zu sammeln. Sie baut damit eine Nestburg, in der die Geburt stattfinden kann. Während dieser Zeit müssen wir dem Tier reichlich Einstreu, Papier, Heu und Pappe zur Verfügung stellen. Das Nest für die Geburt kann sich in einer bereits vorhandenen Höhle, in einem Häuschen oder ganz frei im Hamsterheim befinden. Besonders bei den Dshungarischen Zwerghamstern können wir beobachten, dass sich der werdende Vater, sollte, er noch beim Weibchen sein, am bau des Nestes beteiligt.

Das Männchen baut sich jedoch kurz vor der Geburt ein eigenes Schlafnest. Hier könnten wir dem Tier ein zweites Häuschen anbieten. Nun sollte das Weibchen gut gefüttert und möglichst in Ruhe gelassen werden. Jetzt sind tierisches Protein und viel Feuchtigkeit in Form von Frischfutter äußerst wichtig. Die unterschiedlichsten Milchprodukte (z.B. Naturjoghurt, Quark etc.) werden von den Weibchen nun gierig angenommen. Die ausgewogene Fütterung unterstützt die Milchproduktion der Weibchen.

Nach der Tragezeit werden 1-10 Jungtiere geboren, je nach Zwerghamster-Art. Zwerghamster-Babys sind bei der Geburt nackt und blind. Zwerghamster sind Nesthocker. Indem die Mutter die Kleinen sauber leckt, aktiviert sie den Kreislauf der Hamsterbabys. Bei ihrer Geburt sind die Jungtiere nur ca. 1-2 Gramm schwer. Die Nabelschnur und die Fruchthülle werden bei der Geburt von der Mutter gefressen.

Es ist fast unmöglich, die eigentliche Geburt zu beobachten. Ein Zuschauer könnte auch störend auf die werdende Mutter wirken. Die Anwesenheit der Neugeborenen stellen wir leicht an den hohen Fieptönen fest. Die Neugeboren dürfen wir schnell durchzählen, ansonsten dürfen wir die junge Familie nicht stören. Die Reinigungsarbeiten sind zu unterlassen, bis die Jungtiere das Nest verlassen können, um selbstständig feste Nahrung zu fressen.

8.16 Die Entwicklung der Jungen

Das Muttertier säugt, wärmt und reinigt die Babyhamster während ihren ersten zehn Lebenstagen. Um ihre Verdauung anzukurbeln, leckt die Zwerghamster-Mutter ihre Jungen in der Bauchregion. Anfallende Ausscheidungsprodukte werden von der Hamstermutter aufgenommen. Die Mutter entfernt sich während dieser Zeit äußerst selten von ihrem Nachwuchs. Nur um neues Nistmaterial und neues Futter zu besorgen, verlässt sie die Kleinen.

Der Nachwuchs beginnt mit etwa 13 Tagen damit, sich aus dem Nest zu bewegen. Nun ist die Hamstermutter voll damit beschäftigt, die Kleinen zusammenzuhalten und die Ausreißer wieder zurück ins Nest zu bringen. Nun öffnen die Jungtiere auch langsam ihre Augen und versuchen sich an fester Nahrung. Sollte das Zwerghamsterfutter bereits ausgewogen genug sein, muss keine spezielle Nahrung für den Nachwuchs bereitgestellt werden.

Etwa drei Wochen nach der Geburt verringert die Mutter langsam ihre Fürsorge. Auch ihre Milchproduktion stellt sie allmählich ein. Nun werden die kleinen Zwerghamster entwöhnt. Die Jungen von Campbell-Zwerghamstern und von Dshungarischen Zwerghamstern können bereits mit 4-6 Wochen das Gehege der Mutter verlassen. Roborwski-Zwerghamster brauchen etwas mehr Zeit und sollten erst nach frühestens sieben Wochen der Mutter weggenommen werden. Es ist auch sehr sinnvoll der Mutter die Jungen abzunehmen, um ihr eine Pause zu gönnen.

8.17 Der Kannibalismus/Kronismus

Es kann verschiedene Gründe für den Kronismus, das fressen des eigenen Nachwuchses durch die Mutter, geben. Frisst die Zwerghamstermutter die Nabelschnur, kann sie erkennen, ob der Nachwuchs gesund ist oder nicht. Totgeburten oder zu schwache Tiere werden direkt aufgefressen.

Sollte ein Zwerghamster-Weibchen sehr jung trächtig werden, kann es durch die verfrühte Trächtigkeit an einem Mangel an Eiweiß leiden. Solch ein Mangel wird durch das fressen der Jungtiere wieder ausgeglichen. Genau aus diesem Grund sollten zu junge

Weibchen keinesfalls für die Zucht eingesetzt werden. Sollte einem ausgewachsenen Weibchen keine Pause zwischen den Würfen gegönnt werden, kann auch hier ein Eiweißmangel auftreten. Solch einem

Mangel könnte jedoch mit entsprechender Fütterung entgegengesteuert werden.

Vielfach fühlen sich die Zwerghamster auch einfach zu sehr durch den Halter gestört und gestresst. Sie sehen dann keinen anderen Ausweg als die Jungtiere zu fressen. Aus dem Grund sollte die tägliche Kontrolle minimiert werden, bis die Kleinen von selber ihr Nest verlassen und feste Nahrung fressen. Auch die Reinigung des Geheges sollte so lange unterbleiben. Fremde Gerüche können die Mutter irritieren.

8.18 Die Buchführung

Jeder Züchter von Zwerghamstern ist gut damit beraten, ein Zuchtbuch nach seinen Vorstellungen zu erstellen. In so ein Zuchtbuch wird jedes einzelne Tier der Zucht eingetragen. Jedes Tier sollte auf einem Zuchtbuchblatt mit den folgenden Informationen vermerkt werden:

- Nummer und/oder Name

- Geburtsdatum

- Elterntiere

- Unterbringung (Gehegenummer etc.)

- Augen- und Fellfarbe (genauer Hinweis zur genetischen Veranlagung)

- Markierungen oder besondere Kennzeichen

- Verpaarung (Partner, Datum, etc.)

- Würfe (Datum, Geschlecht, Anzahl, etc.)

- Abgabedatum und Abgabeadresse bzw.

- Todestag, Todesursache

Es ist ein Vorteil, wenn auch besondere Vorkommnisse wie Krankheiten etc. aufgeschrieben werden. Auch das Festhalten von Wesenszügen und das Verhalten Menschen gegenüber können von Nutzen sein. Es kann beispielsweise dokumentiert werden ob ein Tier sehr ruhig und friedlich oder etwa ängstlich und bissig ist – schließlich können auch die Charakterzüge von den Eltern an die Kleinen weitergegeben werden.

Kontakt: qop@gmx.ch